帰る旅―空想の森へ

地域アートの試みの中で

高見乾司

花乱社

カット・写真　筆者

帰る旅——空想の森へ❖目次

序章　花野を行く

2017

山桜の森で

里は新緑の季節となったが、山路は遅咲きの山桜に彩られている。のどかな里山に囲まれた村を通り過ぎ、さらに山道を深く分け入る。宮崎・西都《さいと》から高千穂を経て阿蘇を経由し、日田《ひた》へ、さらに福岡方面へ。神楽取材、ヤマメ釣り、「アート」の企画を携えた旅などで通い続けた山の道である。峠を越える道の脇に、花桃と山桜と椿、水仙、菫《すみれ》、たんぽぽなどが咲き盛る野があった。ここは、往昔、文人墨客が往来した古道に沿っている。近くに風雅を愛する里人がいて、長い年月をかけて植え込み、育ててきたのだろう。

車を停めて弁当を食べる。

老母（今年で九十歳）が、隣にいる。道中、際限なく喋り続けていた。繰り返されるのは「昔の話」である。少女時代に過ごした博多の町の思い出、空襲下、焦土と化した町を逃げ回った女学生時代のこと、若くして嫁いでいった山の村の暮らし（そこで私たち兄弟が生まれ、育った）、親戚の誰某の消息等々。

私はそれを、森の木立を吹きすぎてゆく風の音のように聞き流している。母は、一年に二度か三度、調子が狂う。病院に連れて行くと、精神科では「精神病ではない」と言われ、内科では「内臓疾患はない」と言う。すなわち周期的に訪れる老人性躁鬱症である。二カ月程鬱の状態が続き、それが明けると突然、不眠の時期が来る。すると二〜三週間程眠らない日が続き、朦朧とした幻覚状態の中に入り込む。その時、現れては消えるのが、過去の映像である。それを誰に語るともなく「ことば」として発する。つまり老人の独り言である。

この時期を見計らって、彼女の好きな博多の町へ連れて行き、玄界灘を望む「生《いき》の松原」を散策させる。するとまるで憑き物が落ちたように、平常の状態に戻るのである。

今回もその小さな介護旅行。世間にはもっと重度で深刻な介護の状況があるという。私たち戦後生まれの世代が背負うべき、ありふれた社会現象の一つだろう。

弁当を食べ終え、少し昼寝をする。長旅の疲れが出て、すぐに眠りの中に引き込まれる。母が、車から降り、花の咲く野のほうへと歩き出す気配がする。が、私は気づかぬふりをして浅い眠りに身を委ねる。彼女は、普段より達者になったような足取りで、花野の中を歩いてゆく。その獣道のような細道の先は、ぼう、と朧にかすんで、空へと続いている。

私はその幻像のような老婆が、そのまま遠くへ歩き去ってくれればよいと願ったり、そろそろ帰って来る頃だな、と予測したりしている。

ここは幻夢の野である。

「美術家＝アーティスト」として歩いた貴方の人生を、「アート」という一本の「道」の上に置いて、語り起こし、描いてください。貴方のお仕事は、戦後美術史と重複しており、かつての湯布院での活動は「地域アート」という領域を拓いた源流的仕事と位置づけられるし、「仮面」と「神楽」の収集・展示・研究においては、日本の美術史の深奥部に切り込んでゆく視点もある。私たちは、それを聞きたいし、知りたいのです。貴方が語り、若者たちが「記録」として残すことで、次の世代へテキストとして手渡してゆくという価値を共有することができるのです。

このごろ、概略、前記のような課題を投げかけられる機会が多い。

「現代美術」のキュレーターが集まった山の宿での車座談義。若いアートディレクターと古陶磁の展示をしている時。およそ二十年ぶりに訪ねた夜の博多の居酒屋で出版社の社長・スタッフ・旧知の友人たちと盃を交わしながら等々。私も今年の八月が来れば七十歳。そのような年齢になったということか。時は残酷である、とも言えるが、あっという間に過ぎたと思われる年月は、やはりそれなりの収穫も授けてくれていたということなのだろう。

レヴィ＝ストロース（一九〇八—二〇〇九、フランスの文化人類学者）は、

「書きなさい。そしてそのあとに編集し、校閲し、校正という作業を加えて完成する。それが著述という芸術です」

というようなことを言っている。実際、彼のノートは書き足したり消したり、メモを貼り付けたり、またその上に色々なことが書かれたりして、まるでコラージュの様相だったという。代表作『悲しき熱帯』はこうして生まれた。ブラジルの奥地・アマゾン河の源流部を探検・調査し、その頃、わずかに残存していた先住民の生活と文化を記録したのである。「民族学」、「文化人類学」という学問の初動期であった。

レヴィ＝ストロースの言葉を参考に、およそ半世紀にわたる私のアート体験を並べてみた。

・少年期、山の村で出会った一冊の絵本
・青年期、地方から団体展へ出品していた美術修業時代
・「石切場」で働き、絵を描き、詩を書いていた頃
・洲《す》之《の》内《うち》徹《とおる》と「気まぐれ美術館」のこと
・病気（職業病）の発生、湯布院への転居と「町づくり運動」との出会い

・骨董はアートである――伊万里染付けの絵、古布の美、民芸の美学など
・「民俗仮面」との遭遇
・「由布院空想の森美術館」の十五年
・「列車ギャラリーゆふいんの森号&由布院駅アートホール」と「アートプロジェクトゆふいん」
・「地域づくり」と「アート」の連携
・宮崎への移転
・新芸術集団「フラクタス」のこと
・石井十次と友愛社
・「神楽」と「仮面」の原郷へ
・古民家アートプロジェクト
・「由布院空想の森美術館」の再開

面白いではないか。

先に「企み」があるわけではなく、綿密に練り上げた「計画」もなく、自分では意図しないままに行動してきた軌跡を、五十年という時間軸の上に置き、こうして鳥瞰図的に眺めてみると、なるほど、一つの「美術史」としての一面が見えてくる。それは「わたくし＝個人」としての体験の集積でありながら、そこに立った当時の時代性と普遍性とを併せ持っている。

かつて文人墨客・儒者・教育者などが集った日田という山間の小都市で育ち、良い仲間たちとともに学んだ私は、「洲之内徹と気まぐれ美術館」という、同時代のアーティストたちに絶大な影響を与えた一人の人物と著作群を知り、その価値観を共有するという幸運にも恵まれた。

さらに初期の「町づくり運動」を展開していた湯布院という町と出会ったこと、「由布院空想の森美術館」の設立と運営などが、私を平凡な田舎のアマチュア画家から「地域とアート」の連携を考え、行動する「美術家」へと羽化させてくれたのである。これも私という個人の上に起きた奇跡であり、九州の一地点である日田・湯布院と宮崎から、日本列島のアートの潮流を照射してゆくという「表現行為」の表出でもあろう。

本書は、このような動機によって起筆された。

これまでの著作や「由布院空想の森美術館」発行の月報・チラシ類、インタビュー記事、ブログなどに書き、記録された作品を集め、編集し、構成し、加筆するという方法で、同時代のアート・ドキュメントとして再構築する。

面白く、楽しみな作業になるという予感がする。

くれぐれも、失敗例の弁明や手柄話、老人の回顧談にならぬよう、気を配りながら進めることとしよう。

第一章　幻の村

1948—

1　山の村

一九四八年八月十五日、私は大分県日田市の北部に位置する山の村で生まれた。お盆の送り火を済ませ、親戚・家族が家に集まり始めた時刻だったという。戸数十三戸（当時。現在は四戸）、小さな村の送り火は、それぞれの家の門口から墓地まで、点々と灯火が点され、幻想的である。終戦後三年を経た時期で、南方戦線での兵役を終え、魚雷に船腹を撃ち砕かれて傾いた船で帰還した父と、戦火の町を逃げ回り、同時期に病気の父を亡くし、わずかな縁を頼りに嫁いできた母との間に生まれたのである。私の記憶は、戦後の復興期の始まりとともに刻まれる。

村は、北部九州修験道の拠点として栄えた英彦山《ひこさん》に連なる山岳に抱かれ、英彦山の開山伝承に関連すると思われる村長（「おざ」と呼ばれていた。「むらおさ」または山伏の頭領が座す「御座」の意と思われる）の家、英彦山修験の神社、山伏の伝承や平家の落人伝説などが残っていた。小さな神社では、神楽が奉納されたこともある。同じく英彦山山系に属する耶馬溪神楽（槻木《つきのき》地区）の一座が巡ってきて、恐ろしげな「鬼神」の舞や妖しくも美しい「女面」の舞を上演したのである。鬼神は、拝殿の梁に突如飛び上がり、宙で一回転してひらりと舞殿《まいどの》に舞い降りてきたりした。その鮮やかな残像が今でも目に残っている。修験系の神楽は、山中で厳しい修行をした山伏たちが舞うものといわれていた。

私の家は、村長に次ぐ格の家で、集落の一番上手にあり、村ではただ一軒だけ、縁側から遠く阿蘇の噴煙を望むことができた。三代前までは、

「他所《よそ》の土地を踏まずとも隣町の耶馬溪まで行くことができる」

といわれた山林地主だったが、その財産を、遊び人だった爺様（私の祖父）が一代で蕩尽した。それゆえ、毎日の暮らしは貧しく、父と母は麓の町に出稼ぎに行っていたが、爺様は鹿狩りなどをして悠然と暮らし、

――豊後鹿猟師の末裔である。

などと嘯《うそぶ》いていた。

その爺様を頼って、戦後の混乱を逃れて来た百太郎さんと呼ばれる老人の一家が、私の家の裏手の山際に仮小屋を建てて、住んでいた。白い髭を胸の辺りまで伸ばした仙人のような風貌の百太郎さんは、細々と、山仕事や薬草採り、竹籠作りなどをしていたが、爺様の狩りの供を務め、将棋の相手でもあり、格好の話し相手であった。爺様が、冬の間に仕留めてなめしておいた鹿・狸・狐・テン・ムササビなどの皮と、百太郎さんが採集して乾燥させておいた薬草を、麓の町から来た仲買人が買っていった。

私が小学校一年に上がる年、百太郎さん一家は遠い町へと引っ越して行った。別れる前、百太郎さんは、私の入学祝いとして、『フランダースの犬』を贈ってくれた。私はそれを繰り返し読んだ。何度読んでも、主人公のネロが樵人《きこり》の形をした雲を見て絵描きになろう、と決心するところ、犬のパトラッシュに、その日の唯一の食事であるジャガイモを与えると、パトラッシュはそれを食べようとせず、それならと半分ずつに分けて一緒に食べ始める場面、貧しい少年が見ることを許されないルーベンスの絵を見せるために、パトラッシュがカーテンに飛びつくフィナーレなどで、私は涙をこらえきれずに拭うのだった。私の「絵画」に対する憧れは、この時期に形成されたもののように思う。

小学校四年の二学期に、一度、山の村を離れた。父の仕事場（石切場）の近くに一軒屋が借りられたのである。

そこでの父母との暮らしは嬉しく、楽しく、「町の学校」での授業などは新鮮な驚きの連続だったが、一年半後に再び山の村に戻った。爺様が中風で寝込み、婆様のリウマチが悪化して不自由な身体になったためである。父と母は山の村から片道一時間の山道を歩いて仕事場へ通い、忙しい時には飯場小屋に寝泊りして働いた。私と小さな弟たち三人（合計四人兄弟）が祖父母の面倒を見ながら学校へ通ったが、没落した家の、都会の風を少しだけ身に纏った出戻りの子供たちは、村の悪童どもの陰湿な差別といじめの対象となった。私はそれから逃れるために、古い藁屋根の家の出窓（細い縦格子のガラス窓）の付いた三畳の部屋を片付け、自分の勉強部屋として閉じこもった。

その部屋には古い箪笥があり、戸棚の扉には山水画が描かれていた。引き出しには古い刀や火縄銃が秘蔵されていた。その部屋での勉強そのものは面白かったし、仲間はずれにされても、弟たちを連れて分け入る裏山は遊びの宝庫だった。山道には草を結って足括りの罠を仕掛け、椎の大木の上に砦を造り、崖には石ころや倒木がいつでも崩れ落ちる仕掛けを作った。五寸釘は、手裏剣の代わりになるほど研ぎ、木の幹をめがけて投げる練習をした。それはあくまで「遊び」であったが、いつでも「戦い」あるいは「復讐」の現場となる危険な領域でもあった。私は、麓の町の小学校の図書館で読んだ忍者の本や戦国時代の物語に出てくる戦法などを応用したのである。それを知った村の子らは次第に近づかなくなった。

2　青春のスケッチブック

中学生になると、「試験」があり、私はたちまち首席グループの仲間入りをした。学校で曲りなりにも勉強しているのは少数で、他の同級生たちは遊んでばかりだったから、それは当然の結果であり、驚くにはあたらなかったが、一つだけ利点があった。ガキ大将だった兄の勢力をバックに、一年半にわたって私をいじめ抜いた同級生の子は劣等生で、同じ学年の女の子からいじめられて泣くという境遇に落ちぶれたのである。ある日私は、その現場を通りかかったが、ニヤリと冷たく笑っただけで、助けに行かなかった。この一件により、私のリベンジは終わった。

少しずつ活発になった私はバスケットボール部に入部し、走り回った。運動会では、練習せずともマラソンで一等を取った。山の遊びと山道を上り下りする通学が足腰を鍛えてくれていたのである。

バスケ部を率いたのは、美術の教師だった。背が高い、というただそれだけの理由でバスケ部の部長を命じられた、万事鷹揚でゆったりとしたその先生は、バスケの指導は得意ではなく、運動場の端っこに一〇〇号のキャンバスを立てて、油絵を描いていた。そして、まだその頃は土のコートで練習していた私たちが少しでも怠けると、たちまち絵筆を持ち替え、その筆で私たちをぶつ真似をしながら、

——こらー、ちゃんと練習せい!!

と怒鳴るのであった。私たちはその先生が大好きだった。だから練習が終わると、キャンバスの横に行き、先生が絵を描き終わるまで、見ていた。そして公式戦で学校始まって以来の一勝を私たちのチームが挙げた時には、先生と私たちはまるで兄弟のように、手を取り合って喜び合ったものだ。

私としてはやや不本意な成り行きで生徒会長に立候補させられた時には、私はなんとかその自分には不釣合いな役目から逃れようと、当選したならば学校を一週間休みにして全校美術展を行う、という限りなく馬鹿げた、実現不可能と思われる公約を掲げた。これによって私は見事落選すると予測したのだが、その予想は外れて当選してしまった。それでやむなく、職員室に行き、公約どおり、学校を一週間休みにして下さい、と校長先生と先生方にお願いしたところ、なんとあっさりそれは許可されてしまった。

かくして、全校美術展なる企画が遂行されたのだが、生徒全員が絵を描くなどということが一週間も続くはずもなく、大半の生徒たちはその期間、校庭でソフトボールやドッジボールなどをして遊んで過ごした。

笑い話のようなこの企画は、卒業後しばらくは「伝説の生徒会長」という肩書きを付加して語り継がれたらしいが、思えば、後に「アートフェスティバルゆふいん」などを企画する私の発想の源流はこのあたりにあるのかもしれない。

＊「地域美術展」として普遍化するアートフェスティバルのことは後述する。

高校時代の三年間は、バンカラを張って過ごした。全校一二〇〇人超（当時）の男子校で、林業科、産業工芸科、土木科など地元密着型の学科もあったこの高校は、そもそもの校風が、丸刈りで髭面のオッサンのような生徒が下駄でガラガラと通学するバンカラそのものであった。普通校へ進学し、大学で文学系の勉強をしたいと思っていた私は、中学の先生たちに工業系の高校へ進学するよう勧められ、家の経済状態や弟たちのことを考え合わせて「電気科」を選択したのだったが、一年の二学期頃にはすでに、

——しまった、進路を間違えた……。

という違和感に悩んでいた。それをカバーするためにバスケットボール部に所属して練習に熱を入れ、美術部にも籍を置いた。出身中学のバスケ部のコーチにも通った。さらには、夜間の電報配達のアルバイトをした。それで結構忙しくて、苦手な電気や物理や数学などの勉強をしている暇はなかったのだ。

そのため、苦い思い出の方が多い高校生活だったが、いくつかはあざやかな映像として残っている体験がある。

夜間の電報配達とは、近くの郵便局の正規の職員が帰ったあと、午後五時以降の地区の電報配達を受け持つ職業のことである。まだ電話が普及していなかったので、このような職種が必要とされ、私の家族がそれを請け負ったのである。五時から九時頃までは母がバイクに乗って配達し、その後を自転車を漕いだ私が受け持った。局から呼び出しのベルが鳴ると、勉強中でも飛び出して行くのである。それにより、私は学費を稼ぎ、苦しかった一家の家計も少し楽になった。

夜間の電報とは「ハハキトクスグコイ」とか「チチシススグカエレ」などという内容のものがほとんどだったから、墓地の横の細道を通って行く時などにはかなりの度胸を必要とした。けれども、配達先の家への道を尋ねた民家から寝巻き姿の美しい女性が出てきて（そのひとは二学年上の先輩だった）、肩を抱くようにして案内してくれたこと、溝に落ちて網タイツの足を宙に舞わせている女性を助け、感謝されたことなど、甘美な思い出もある。ある夜、深夜二時頃のことだったが、呼び出しのベルに気づかずに眠りこけていた私の失態を父が怒り、私は家を叩き出された。それで、あてもなく自転車を転がして町をさまよった後、夜明けを待って久留米の石橋美術館まで走った。片道四時間の走行距離である。初めての遠出は、私を、颯爽と風を切って筑後川沿いの道を走り抜ける若き旅人にした。

石橋美術館では、青木繁の「海の幸」と坂本繁二郎の「月」の連作の前で釘付けになった。若き天才画家が、その短い生涯を燃焼し尽くして描き上げた「海の幸」の生命感と、郷土に沈潜し、深い思索の中から幽玄の美を生み出した繁二郎の作品群とが、理屈抜きの感動の中に私を置いたのである。

高校三年の夏、私を含む同級生三人は、ゴミ捨て場から拾い出してきた自転車を修理し、鍋・釜と米を積み込んで、九州一周の旅に出た。首謀者は中学校に裸馬に乗って通ってきていた乱暴者だったが、私はその男の持つダイナミズムと型破りのエネルギーに巻き込まれ、バンカラ集団の中核となったのである。そのバンカラ生活の仕上げが、南九州への旅であった。

私はヤッケの胸ポケットにスケッチブックを入れ、行く先々の風景を写生した。強烈な太陽、あくまでも碧い海、優しさに満ちた南国の人々、そして不思議な仮面を被った祭りの夜などが、私たちを魅了した。

仮面を収集・研究し、神楽の現場に通い、神楽の絵を描き、地域とアートの関連を模索する企画を組み立てるという私の人生の方向は、この時の二十日間の旅により、確定したのである。

第二章　霧の町

１９７０—

1　文人の郷

分厚い落葉広葉樹林に覆われた森を抜け、杉の巨木が暗い影を作る山道を通り過ぎると、あざやかに視界が開けて、麓の町が見渡せる。四方を山に囲まれた町は、小京都と呼ばれて普段は静かな佇まいを見せるが、梅雨期や冬期は深い霧に沈んで、その姿を隠してしまう。「雲海」、「底霧」などと呼ばれるその霧は、古い商家群の家並みが続く中心部から次第に周辺部の農村地帯へと広がり、大きな山岳へと続いてゆく。霧が上がる時、町は渋い色彩で姿を表し、まるで東洋の仙境のような風景が現出するのである。

この雄大な風景を見ながら学校へ通った山の村を後にして移り住んだ麓の町――大分県日田市――は、山の上から眺めた景観とはまた違った情趣を持っていた。この地方は、その地理的条件により、古代（古墳時代前期～後期）、筑後川上流域の古墳文化と連環していた。時代がやや下ると久津媛《ひさつひめ》（これがヒサツ→ヒタの語源の一つとする説がある）と呼ばれる女性首長を擁した小国家を形成、中世には豪族・大蔵氏が支配し、江戸時代には天領となったため独特の文化が栄えた。

日田人の気質に大きな影響を与えたのは、幕府直轄地＝天領となった江戸期三百年の歴史である。日田代官によって「掛屋《かけや》」（幕府公認の金融業者）に指定された商人は大名への貸付などにより莫大な利益を上げ、その利益や蓄えによって治水工事、筑後川と結ぶ水運事業、沼沢地・湿地の干拓、教育などを行い、町は商都として活況を呈した。周辺の山から産出される良質の木材（杉・檜など）や物資が水運を利して運ばれ、上方の文化が流入し、人材や情報などを集めたのである。

幕末の儒学者・広瀬淡窓が開いた私塾「咸宜園《かんぎえん》」には、門弟四千人ともいわれた俊才が集まった。淡窓は、封建時代の当時、身分の分け隔てなく塾生を受け入れ、実力次第では誰でも「塾頭」になれるという制度を用いた。ここから、蘭学者の高野長英、医学・兵学の大村益次郎、日本最初の写真家・上野彦馬など、近代日本の幕開けを飾る俊才が育ったのである。「豊後文人」と呼ばれた豊後竹田の文人集団との交流は多くの文人墨客を招き寄せ、県北中津地域との交流は、後の福沢諭吉の思想形成に影響を与えた。北部九州修験道の拠点として栄えた英彦山の山岳文化を背景に控え、北部九州の中央部に位置する小都市が、一大文化圏を形成したのである。

商都の反映の名残と文教都市の気風、長い年月をかけて構築された林業家の実力などが混在するこの町で、私は青年時代を過ごした。家の経済状態を考えた時、多くの同級生たちと一緒に都会へと働きに出る（私は学問の道に進む）という望みを諦めざるを得なかったのである。中学の同級生一四〇人の内、郷里に残ったのはわずかに六人という時代であった。

集団就職列車で旅立つ仲間を見送った後、町工場に勤めながら、スケッチブックを持って各地を巡る旅に出た。そして二十歳になった時、町にアマチュアの絵画グループが誕生し、濃い珈琲の香りを漂わせる画廊喫茶がオープンした。私は、迷わず町工場を止め、「石切場」で働くことを選択して、その運動体の中に身を投じたのである。

山を切り拓き、原石を切り出し、その石を叩き、割って建築材として仕上げて、待ち受けているトラックに積み込む。石と対話し、詩を書き、絵を描く日々が始まった。それは「町全体が塾」という機能と気風を持っていた日田という町が、一時期、燃え尽きる前の花火のように輝いた時代であった。

2　詩人のコーヒー

朝、一杯のコーヒーを淹れる。

至福のひととき。

コーヒーの淹れ方は、故郷の町の画廊喫茶の主《あるじ》の方法を習得した。

「画廊ムンク」というその喫茶店のオヤジは苦みばしった渋い男で、詩人であり、元・左翼運動の闘士だということだったが、普段は物静かで、はにかんだような笑顔で若者たちに接してくれた。顔に刻まれた深い皺と、肩まで垂らした長い髪、時々放つ鋭い眼光などが、画廊と喫茶とが連結された空間によく似合っていた。まだ二十代前半だった私たちは、その店に通いつめ、絵のこと、文学のこと、釣りのこと、音楽、酒、コーヒーに関する薀蓄などを聞かされ、学んだ。

咸宜園という私塾に全国から数千人の塾生が集まったという古い町に漂う文教の気風は、この店にも色濃く漂っており、この画廊喫茶こそが当時の若者たちの「塾」であり「道場」であった。


豆は、市販の浅煎りの豆が入手できればそれでよろしい。

手挽きミルが理想的だが、電動ミルでも、挽きながら目盛りを段階的に変化させ、粉が不揃いになるように加減して挽けばよい。紙フィルターに満杯の粉を入れ、その粉全体が漏斗状のくぼみをつくるように手で均す。すなわち蟻地獄のような形状の粉山を作るのである。

この準備が整うと、赤いポット（ポットは「詩人の赤」でなければならぬ）から、湯滴を、ぽつりとその真ん中に一滴。そしてひと呼吸おき、真ん中の一点から「の」の字を描くように湯を注ぎ始める。

ゆっくりと注ぎ続けると粉がふっくらと膨らんでゆく。

まるで火山の噴火を見るように、膨張が極まる頃、すっとポットを引き、給湯を止める。すると、膨らんだ豆は急速にしぼみ、噴火口のようなくぼみができる。

この機を逃さず、再び給湯を開始。あとは、この極小の噴火口の真ん中をめがけて、湯を注ぎ続けるだけでよい。サーバーの中心点に、抽出された純度の高いコーヒーが落ちてゆく。濃い琥珀色の液体の上面を、直径五ミリ程の透き通った琥珀色の粒々が転がり始める。

この現象が立ち現れる時が、最も美味しくコーヒーが淹った時である。


これが、私が学んだ「詩人のコーヒー」の淹れ方である。

あれから、四十年以上の年月が過ぎている。私は毎日、同じ方法でコーヒーを淹れ、古伊万里山水染付けのそば猪口《ちょこ》で喫する。

遠い故郷の風景が、そば猪口の絵柄の向こうで藍色に霞む。

3 石切場

その頃（一九六〇年代後半から七〇年代にかけて）の日田の町には、六つ以上の絵画グループが存在した。市の美術協会や小規模の絵画教室まで数え上げると、もっとあったかもしれない。それらのグループが、それぞれグループ展をしたり、地方美術展に出品したり、中央の公募展に出展するなど、活発に活動した。もちろん、単独で行動する作家もいた。近接する福岡には、団体展に所属せず、「行動」で芸術表現をする「九州派」と称する元気者たちがいた。戦後の地方美術が沸騰していた時期である。

詩集『石切場』より

私は、市内のアマチュア絵画グループに所属したが、そのグループには、中央の美術学校や専門学校で学んだキャリアを持つ一群の人たちがいたから、私は、最先端の美術理論や作風を学び取ることができた。巡回してくる各種の美術展にも出かけた。都会の学校へ進学した同世代の者たちが、学生運動に身を投じ、ゲバ棒を担いで殴り合いをしている時代に、私たちは寝る間も惜しんで勉強したのである。

私は、「室戸岬」を描いた五〇号の油絵、一〇〇号の油絵「石切場」の連作などで故郷の町でのデビューを果たした。「市展」、「県展」から「中央展へ」という道筋は、その頃の地方画家が目指した価値観であり、ほぼ一致した動向であった。「九州派」や大分出身のメンバーを主体とした「ネオ・ダダ」、関西中心の「具体」など、いわゆる前衛芸術集団とは一線を画していた。

同時期に、私は「気まぐれ美術館」という美術随想に出会った。洲之内徹という画廊主が綴るその美術エッセイを、芸術論・絵画理論というよりも、人生の哀歓を刻んだ文学作品として私は読んだ。美術誌『芸術新潮』に連載されたその文は、筆者の生い立ちから左翼運動の曲折、転向後の中国大陸での苦渋に満ちた密偵としての活動、その過程で織り交ぜられる「女」の話、さらにそこから掘り下げられてゆく「一枚の絵」に対する愛着と情熱、画家に対する親愛の念などが、絶妙の筆致で綴られ、語られてゆくのである。

私は、「気まぐれ……」を唯一のテキストとし、毎月欠かさず連載記事を読みながら、ある種の懐疑と悩みの淵に沈んでいった。公募展に出品し、入選を重ね、「画家」として立つという道筋に疑念が生じたのである。洲之内氏は、絵は「比べる」ものではないと言い、「人に見せるため」に描くことにひそむ功名心や媚を嫌い、茶道や華道のごとき団体主義に毒された公募展の弊害を嘆き、「良い絵とは盗んでも自分のものにしたいと思う絵である」と言い放つのである。

うむ、なるほど。

私は、石を刻み、石と向き合う日々の中で、当初、風景としての「石切場」を描いていたのだが、当時、公募展の主流は「抽象」であった。穏健な風景画が並ぶ「日展」は形骸化の象徴として批判の的となり、世の中の絵描きという絵描きが抽象を目指し、具象を突き詰めた先に抽象があるという幻想に酔い、抽象にあらずば絵画にあらずという風潮が蔓延していた。

私は、その流れに抗うことができず、「石」を抽象化することに意を注ぎ、かつて「旅人」であった頃に描いていた「風景」さえも、一度画面を塗りつぶしてそこから新たな画面を立ち上げるという途方もない無駄を繰り返していたのである。現場で一気に仕上げる風景画などは論外として無視された。

私の絵画表現における暗黒の時期と、石切場での職業病（白蝋病《はくろうびょう》＝振動障害）発生の時期とは微妙に重なる。私の心象は「気まぐれ美術館」にありながら、出来上がる絵は別次元のものだった。そして身体の異変は徐々に進行していた。

詩集『石切場』（葦書房、一九七七年）に記録されたその頃の心情をここに転載しておこう。

希望

泥まみれのシャツに
一家の希望が浸み込んでいる。
日暮れて、

石を積み込むトラックに
俺たちの明日が乗って行く。

痛む手

ショベルローダのゴムのタイヤが
石との摩擦ですり切れる。
パンクする前にとり替えなければ
使えない。
おれの手は
石を割るからすり切れる。
切れても、血が滲んでも
ほうっておけば治るから
そのままで良い。
タイヤのように
おれの手にはスペアがないから
だんだん固くなる。
固く丈夫になるから
そのままかまわず
仕事を続ければ良い。

痛むのは、
おれの知ったことじゃない。
むしろ
あたり前だとおもっているくらいだ。

指

手袋が破れてしまった。
指が見えている。
指は、
破れた手袋の中から
大丈夫だと赤い顔で言う。

崖

ひと足向こうは空
風が吹いている。
真っ直ぐ三十メートル下が作業場
背を丸め
石を叩く弟たち。

誰かが、見上げて
――危険な仕事場ですね
――命がけですね
近くまでよじ登って来て
足をすくませて
見おろすこともできずに引き返す。
おれと父とその場所で
――なに、ここも地面の続きだ。
朝から晩まで働いている。
ひと足向こうは空
風が吹いている。

私たちの「石切場」とは、父と私を含む兄弟四人とで経営した小さな採石場のことである。戦地から命からがら引き揚げ、貧窮の中で老父母を養い、私たち兄弟を育てた父親が、一世一代の晴れ舞台として立ち上げた「石切場の経営者」としての男ぶりを、皆で支えようと話し合ったのである。石と向き合い、絵を描き、詩を書く日々は楽しかったが、その充実した暮らしは長くは続かなかった。第一次石油ショック（一九七三）による経費の暴騰、使い続けた削岩機などの振動工具による職業病の発生などにより、石切場は閉山を余儀なくされ、私は湯布院の治療施設へと送り込まれ、一家は離散した。

画廊喫茶「ムンク」に集まった詩人たちとの交友が、私に石切場での心象を記録させ、それが「病」を「言葉」として捉えた事例として大きく取り上げられ、評価されたことだけが、この時期のわずかな救いであった。

第三章　空想の森へ

1980—

1　石神の碑

二十五歳から三十歳までの五年間にわたり、記憶の空白期がある。正確には、二十五歳以前の記憶も途切れ途切れであったり、種々の体験や記憶が混交・交錯したり、前後が逆転したりしながら、私の記憶は構成されているのである。

その不連続かつ不正確な記憶は、大学病院で「廃人寸前」という宣告を受けて緊急入院した湯布院町の温泉熱を利用した治療施設での日常、入院・退院・通院を繰り返した病院の窓から見続けた秀麗な由布岳の山容、その頃はまだ静かな温泉町であった由布院盆地の藍色に霞む風景などと重複しながら、変転するのである。

私が罹った病気は、当初「白蠟病」と呼ばれた。

その病気は、チェンソーや削岩機、タイプライターなどの振動工具・機器を使い続けたことによる神経障害で、まず末梢神経に異常をきたし、血流障害や痺れなど種々の神経症状が併発され、重度になると内蔵疾患や自律神経失調症、断片的な記憶喪失、性的不能や精神障害まで引き起こす例もある、厄介な病気であった。初期の顕著な症状として、血流を失った指先が蠟のように白く、冷たくなることから「白蠟病」という不気味な病名（後に「振動障害」と変更された）が付いたのである。

罹病者の多くは森林労働者、石工、トンネル掘削工や道路工事の作業員、高度成長期に急増したデパートのレジ係やタイピストなどであったが、私の場合は、二十歳から二十五歳まで「石切場」で働き、その間に使い続けた「削岩機」と「チッピングハンマー」という削孔《さくこう》工具が原因であった。削岩機は岸壁や巨岩に穴を穿《うが》ち、火薬を詰めて爆破する「発破孔《はっぱこう》」を掘る機械であり、チッピングハンマーは、岩山から崩れ落ちた石塊を細かく割るための鑿《のみ》穴を掘る工具であった。コンプレッサーから送り出される強力な空気圧を動力源とした。その激しい振動と石との摩擦によって起こる衝撃、石と鉄がぶつかり合う打撃音などが、肉体に異変を生じさせたのである。

古式の鑿とハンマーでチン・カン・チン・カンとのどかな音を響かせて石を切り出していた時代は、「石工」といえば城を築いたり棚田の石垣を積み上げたりする古風で誇り高い職人衆であったが、時代が「戦後」から「高度成長」へと向かい、建設資材としての石材の需要が急増し、機械化が進むと、職人たちは生産に追われるただの労働者となり、社会の歯車となって働きづめに働いた。

この時期、私の父・高見元《はじめ》に千載一遇のチャンスが巡ってきた。少年期には没落した家から石工の家に奉公に出され、青年期には戦争に駆り出されて中国大陸から南方戦線を転戦し、魚雷を受けて傾いた輸送船で復員。帰還した故郷の山の村には、「隣村まで余所《よそ》の土地を踏まずに行ける」といわれたほどの山林地主であった家の財産を、一代の放蕩で蕩尽した老父と持病のリウマチに苦しむ義母と、わずかな田畑が残されているだけで、そこから彼の「戦後」が始まったのである。

義母の縁故の娘と結婚をし、次々に生まれた四人の男の子（その長男が私である）を育て上げるために、最後に残った田畑も手放し、山の村を下って石切場を転々とした。その昭和という時代の不幸を一身に背負ったような男に、高度成長期の好景気の波は石切場の経営者となるチャンスを与えたのである。

「先山《さきやま》」という、鶴嘴《つるはし》一丁と鑿と玄翁《げんのう》を担いで山に入り、見込みのありそうな岩山に鑿を入れ、切り拓く仕事を得意とした父は、その特殊な能力を生かして、一つの現場を切り拓いては人手に渡し、また他の山を開拓するという、いわば「渡り」の仕事師だったが、折からの好況の波に乗って、纏まった資金の調達ができ、自らが拓いた石切場を自身で経営する機会を得たのである。従業員は、成人した四人の息子（すなわち私たち兄弟）であった。私たちは、貧苦に喘ぐ父の苦労を見て育ったから、話し合いの上、一致協力して家族経営の小さな事業所を成功させることを誓い合った。

その楽しく、輝きに満ち、また苦闘の連続でもあった時代。

石と鉄と風と空と大地。

汗と希望。

輝きに満ちた日々は、「白蠟病」という予期せぬ職業病の発生と第一次石油ショックという時代の激変に打ち砕かれてあえなく終幕を迎えた。この時、書き付けられた詩篇は、身体の異変の記録であり、詩と絵と旅の日々を愛した私自身の青春の一齣でもあり、また、路傍に立つ石神の碑に書き付けられた読みとりにくい碑文のごとき言葉でもあった。

大学病院で「廃人寸前」という診断を下され、ただちに送り込まれた病院のベッドで、私は二十日間ぶっ続けに眠り続け、以後、足かけ五年間の療養生活を送ったのである。その五年間は、無限に続くかと思われた長い時間だったが、思い返すと、一週間ないしは一カ月程度の間に起こったことのようにも思える。記憶が希薄となり、前後が交錯し、複雑に入り組んでくるのはこの時からのことであった。

この時期の四年間、私は単独で二科展に出品を続け、連続四回の入選を果たした。そして、二十九歳の時、病室から描いた冬の由布岳の入選を機に、一切の公募展への出品をやめた。「気まぐれ美術館」における洲之内徹氏の「絵画」に対する真摯な向き合い方に共感し、公募展のシステムやあり方などの実態を体験的に把握することができ、そこが、自分の「生きる場所」とは違うことを確認したからである。殊に、戦前・戦後の「二科」の運動を、美術史的視点で捉え、憧れを持って見つめていた田舎のアマチュア画家にとって、芸能人の作品を入選させ、膨大な入選作品を段々掛けに飾り付ける興業的な展覧会は、見るに耐えないものであった。

最後の出品となった年、私は東京展の会場へ向かう列車を京都で乗り換え、北陸・山陰を巡りながら九州へと帰った。明快に区切りを付けることのできた旅であった。

2 隠の仮面

たとえば記紀神話の海幸・山幸の段で、兄から借りた釣り針をなくして海神の国へと捜しに行った山幸彦が、海神の姫・豊玉姫と懇ろになり、帰る時間を忘れてしまったというエピソードや、『今昔物語』与謝の浦島子の語《ものがたり》で、竜宮の国に漂着し、乙姫と暮らした浦島太郎がふるさとの村へ帰ってみると、そこは数十年（あるいは数百年）の時間が経過した村だったという話、また、南島の神女・ノロやユタが巫女になるきっかけは巫病《ふびょう》という神がかり状態の期間を経た後であるということなどを、私は実感として感得することができる。

削岩機という掘削機械を使い続けたことによる職業病「白蠟病」の罹病とその後の五年にわたる闘病期間のことが、一瞬の間とは言わないが、ごく短期間のことのように思えるからだ。

地上三〇メートルの崖に足場を築き、そこで削岩機を回して岩山に孔を穿ち続けた日々のことさえも、夢の中の断片のように記憶の彼方で霞む。大学病院から直送で送り込まれた治療施設で、私は断続的に、眠り続けたのだったが、その間、ダイナマイトで爆破された岩山が崩れ落ちる映像が、繰り返し、夢に現れては消え、また再現された。崩落した岩石群と土埃の中に、共に働いた労働者たちや、閉山後離散した家族の顔、幼い頃を過ごした故郷の山の村の風景などが浮かび、遠くへと流れ去った。

――この若い人は、よほど激しい仕事をしたのじゃろう、まるで使い潰されたボロ雑巾のようじゃ。

——再起不能とか……。

——「廃人寸前」と診断されたらしい……。

——期待された若手画家で、詩人としても活動しておったらしい。

——今はこうして眠ることがこの人に必要な時間じゃな。

私は、浅い眠りの中で、同室の患者や巡回してくる看護婦さん、同病の若い女性患者などの会話を認識していたのだが、それもまた、茫洋と遠い景色の彼方で煙っていた。

入院後、半年を過ぎた頃だったか……記憶が曖昧だが、ある夜、私の夢の中に石切場の近くの三叉路に立っていた石神のようなものが現れ、やがてそれが私の胸の上に乗って、その台座に彫刻されている碑文を読むよう指図した。私が育った村の起源、あるいはその石神の由緒らしきものが書かれているその碑文は、難解で読みとりにくく、読みようによっては、私が激しい労働の日々の中で書き留めた「詩」に見えたりした。そして石神は、遠くへ霞んで見えなくなったり、また近づいてきて、「隠《おん》の面」と呼ばれる石の仮面に変化したりした。

——「オン」とは「オニ」のこと。上古、制圧された先住民の霊が地にこもり、崇《たた》りをなすとして恐れられた。石神または石面として姿を刻し、祀れば村の守護神となる。

と、村の故老が伝えるその起源伝承は、半ば忘れられて、路傍の石神同様に風化にさらされていた。

最初、握り拳ほどの大きさだった石神（または隠の仮面）は、胸の上で次第に大きくなり、私はその重さに圧し潰されそうになった。石神は死んだ祖父母や祖先の霊、村の先祖などがこもる隠の世界へ、私を連れ去ろうとするようであった。

——まだ、だめだ、そこへは行かぬ。

私はもがきながら、強くその重力に反発した。そして、力一杯、石神を押し戻そうとした。その時私は、

——うおーっ、

と大声を発し、飛び起きていた。

病棟中に響きわたったという叫び声を聞いて、看護婦さんや同病の患者などが駆けつけてきたが、同室の患者によれば、誰かと話をするようにうなされ続けていた私は、その大声を発した瞬間、ベッドと平行に水平に一尺(三〇センチ)ほども飛び上がったという。

この夜を境に、私の身体は快方へ向かった。

3 九州を巡る旅

一九七〇年代後半から八〇年代の大分県湯布院町——。

それは、私が長い療養生活を過ごし、そしてこの町の一員として暮らし始めた時期だったが、その時こそ、後に湯布院の「町づくり」と呼ばれる運動の初動期で、山間の鄙びた温泉町が、歓楽型の大規模温泉地と一線を画し、「癒しと保養」、「映画祭や音楽祭をはじめとする文化イベント」を核に据えた新しいスタイルの地域創造理論と価値観を掲げて、沸騰していた時期であった。

社会復帰を前提として退院した私は、縁があってこの湯布院町の老舗旅館に職を得た。そこが、湯布院・町づくり運動の震源地というべき拠点であったため、私は迷わずその坩堝《るつぼ》のごとき運動体の中に身を投じた。

この時期の湯布院と熱き男どものことは、多くの書物や研究書で語られているし、本書の主題からも外れるので、記述を省く。社会復帰一年目は、この老舗旅館の喫茶室で珈琲を淹れた。古い酒蔵を移築した建物の屋根裏を改造したその喫茶室は、壁にはめ込まれた本棚に書物がぎっしりと並び、天井に近い位置に取り付けられたタンノイのスピーカーからクラシック音楽が流れる瀟洒な空間だったので、多くの文人、創作家、音楽家、映画人などが愛好する名所となり、地域づくりの活動家や地元の若者も集う拠点となった。ここで議論されたことが

「町づくり」の理論となり、若者たちは、翌日から活動の現場へと飛び出して行ったのである。

私はそうした会話に耳を傾け、議論に加わり、多くの客と交流した。故郷の町の「私塾」のような小さな喫茶店に通った体験がここでは生かされたが、この時期、この町に集まった文化人たちの多くが一流の面々であり、私はすべての事柄を一から学び直す必要に迫られた。というのも、私は発病以後の五年間ほど、「漢字」が記憶の中から消えており、一行も文章が書けなかった。少しずつ文字と記憶を取り戻す日々と、この町のダイナミックな活動期が重なったことは、病後の私にとってまことに幸運なる機会であった。

二年目、私は、この喫茶室のある重厚な建物の一階部分を物産館にするという企画提案が採用され、九州を巡る旅に出た。旧知のクラフト作家や民芸の拠点、食材の生産地、焼酎や地酒の蔵元、さらには民家に眠る「民具」、「民俗資料」、「骨董」、神社に伝わる「仮面」などを訪ねる収集の旅であった。九州は「ものづくり」の本場であり、種々の産物、古資料の宝庫であった。

九州を巡る旅の主目的はこうした「もの」の発掘だったが、私にはもう一つの心づもりがあった。それは、長い病院生活をともに過ごした同病の患者たちの故郷を訪ね、旧交を温め、「白蠟病＝振動障害」という文明病とも言うべき新型の病気の発生の現場と実態を調査することであった。

この旅で、私は、南九州から九州脊梁《せきりよう》山地の村々へと足を延ばし、質朴な山の人々と出会い、前記したように、神楽、仮面、民俗資料、骨董などと出会ったのである。そこはまさに「神々の原郷」と言うべき土地であり、私の人生の第二ステージの始まりとなった場所であった。

＊この旅での衝撃的な出会いは『新編　火の神・山の神』（花乱社、二〇一八年秋刊行予定）に記す。

旅から帰ると、私は物産館の開設に着手し、その施設は成功した。まだ一軒も湯布院の町にそのような店がない頃のことである。現在の湯布院町の「土産品店」の乱立とも言える状況を見れば、この施設が先鞭をつけたものであったことがお分かりいただけるであろう。その一年後、私は独立し、町の旧街道沿いの古民家を借りて改装し、小さな「骨董」の店を開いた。旅で収集した「古伊万里」、「古絣」、「民俗資料」、「古民具」、「古神像」などがぎっしりと詰め込まれた私の店には多くの客が来た。私の店の品を湯布院の老舗旅館が使うようになり、それを中央の雑誌が取材し、映画祭・音楽祭の出演者である俳優や監督、音楽家、スタッフなどが東京へと持ち帰って、湯布院発の「生活骨董」と呼ばれたジャンルが開拓されたのである。

一九八〇年代後半のこの時期のことも、本書では記述を割愛し、場面は「仮面」との出会いと「由布院空想の森美術館」の開設へと進む。

4 僻邪の面

私は、一九八六年から二〇〇一年まで、大分県湯布院町において「由布院空想の森美術館」を運営した。その設立時に百点、設立以後の十五年間に二百点を加え、総数約三百点の「九州の民俗仮面」を収集した。この出会いにより、私の人生の方向は決定づけられ、「由布院空想の森美術館」の性格と骨格も確定した。不思議な仮面は、アジア・九州・日本の仮面史と関連し、日本の仮面文化と芸能史を結びつける情報に満ちた貴重なものであった。

横を向いた不思議な仮面に出会ったのは、一九八〇年代初めの頃のことだ。

旅先の骨董屋で見つけたその仮面は、鹿児島県・大隅半島の神社に伝わっていたものだという。風化作用によって一個のオブジェと化したようなその面は、真一文字に引き結んだ口の端に小さな牙があることから、「鬼面」の一種だと思われた。右眼は斜め前方をにらみ、左眼は大きく崩れ落ちて、すでに仮面の「眼」としての機能を失っていた。そして、そのぽっかりと空いた空洞の奥に、見知らぬ世界が広がっていた。この瞬間、私は、

僻邪の面

「仮面史探訪」という異界への旅の入り口に立っていたのである。

湯布院の町の古い街道沿いの空き家を改装して、古道具の店「古民藝・糸車」を開店してすぐの頃であった。病気療養のため訪れ、その縁でこの町に住みついた私が、ようやく自立し、古い布や古伊万里の食器、古家具や民俗資料などを収集する旅を始めたのがこの時期である。

かつて「湯の坪街道」と呼ばれたその地域は、通る人も稀な寂れた商店街であった。この頃から、「古民芸」、「古布」、「生活骨董」などというジャンルが開拓され、私の集めたものも売れ始めた。旧街道沿いの町にも客が増えた。この小さな店から、私は九州を巡る収集の旅へと出かけ、そしてまたこの町へと帰った。

横向きの仮面を入手したことをきっかけとして、集まった仮面が百点を超えた。田舎の骨董屋や古美術商の集まるオークション、コレクターなどを訪ね、少しずつ買い集めたのである。調べてみると、仮面たちには不幸な過去があることが分かった。明治の神仏分離令、修験道廃止令、廃仏毀釈、神社合祀令などの荒波と、第二次世界大戦の敗戦による宗教感の喪失などにより、捨てられたり、売られたり、あるものは盗難にあったりして、神社や村の旧家などから流出したのである。

数百年の間、日本の伝統文化を伝え続けてきた仮面が、古美術店の店先や好事家の間などを転々とする「商品」となり、漂泊していたのだ。私の収集に拍車がかかった。そのことが「由布院空想の森美術館」の設立へとつながるとは、思ってもみなかった展開であった。

私が初めて入手した一個の仮面――横を向いた鬼面――は、「邪視《じゃし》の面」ではないか、と民俗学者の谷川健一氏は言う。古代、人の眼は呪力を持つと考えられた。邪視もまた、呪力を持つ僻邪の眼だったのである。

古代中国の「鬼」とは、病気や事故、戦争などで死んだ人の霊が地にこもり、悪霊となった「悪鬼」であり、長寿を全うして死んだ部族の長老や武将などが一族や村を守る祖先神となった「善鬼」であった。善鬼は、強い呪力によって悪鬼・悪霊を鎮めたのである。善鬼が悪鬼を追う「追儺《ついな》」の祭りは、中国からアジアへ分布し、日本へも伝わった。

横を向いた不思議な仮面に出会ったことから、仮面史の源流を探り、神楽の起源を訪ねて九州の祭りを巡る私の旅は始まった。仮面の収集も百点を超えた。注意深く分類してみると、それらの仮面は、中国・アジアの仮面文化と密接に関連し、九州の古代国家生成の物語「日向神話」と関連する資料であり、日本の伝統芸能である能・狂言の発生以前の形態を留め、縄文文化と弥生文化の間に横たわる「仮面史の空白期」という謎を埋める資料であることなどが分かってきた。私は、アジアと九州・日本を結ぶ「仮面文化の十字路」に立っていたのである。

コレクターT氏が現れたのは、この頃のことである。

T氏は、私の集めた仮面を売ってほしいと言った。私は、これは九州の神々であり、不幸な経緯によって流出し、漂泊を続けていたものだから、九州に残すべきであり、売買の対象にはできない、と断った。するとT氏は、では、自分が資金を提供するから、それを展示する美術館を共同で造ろうではないか、と言った。これが、一気に「由布院空想の森美術館」の設立へとつながっていった。湯の坪街道の、小さな古道具屋の二階の部屋で交わされた、二人の契約であった。

一九八六年四月――由布岳の山麓を山桜の花が彩っていた。空想の森美術館の建設工事が始まって一週間目のことだ。オーナーのT氏が急死し、資金が消えた。分解・解散の危機に直面した美術館の建設を私が事業の代表

秋の森へ

者となって引き継ぎ、銀行融資を取り付け、仮面を展示の中核に据えた。九州の仮面たちが私と仲間たちを救ってくれたのである。
T氏は、少し斜めに視線を動かす癖のある人であった。

5　森の神話

「九州の民俗仮面」百点が一括して私の手元に残されたことで、「由布院空想の森美術館」は、建設工事開始直後のオーナーの急逝という危機を乗り越えて開館することができた。

不思議な仮面たちは、群像として新しい木造の美術館の真っ白な壁面を飾った。そしてそれがこの美術館の中核コレクションとなり、美術館そのものの性格を確定した。

一群の仮面たちからは、ある時は神楽の囃子のような響きが聞こえ、またある時は古代の物語を語る巫儀《ふぎ》の唱《しょう》言《ごん》、あるいは、古文書に書き付けられた難解な文言などのような信号が発信された。私は来館者と一緒に仮面を観たり、閉館後の館内で静かにそれらの仮面群の前に立ったり、夜中に忘れ物を取りに展示室に戻ったりするたびに、それらのメッセージを受信した。それは、遙かな古代の時空から聞こえてくる先人たちの声のようでもあり、この美術館の建設工事開始直後に他界したT氏の言葉のようにも思えた。

幾つもの物語が生まれ、それが「森の神話」としてこの地で語り継がれてゆくことを、私はこの時、確信したのである。

当時、美術館の月報「空想の森から」に発表した「幻想空間」という小文の一部をここに再録する。

〈幻想空間〉

刻々と日暮れてゆく、空想の森美術館の夕暮れ時が、私は好きだ。

ぎらぎらと、終日照り輝いていた太陽が西に傾き、小さな櫟林《くぬぎ》のなかの一番高い木のこずえにかかるころを見計らって、私は音楽をかける。曲目は、その日の気分によってかわる。軽快なモーツァルトのディベルティメントや、バッハを中心とするバロックの曲を、聴くともなく聴いていることが多いが、時には、マーラーやベートーヴェンなどの、力強いシンフォニーも聴く。無性にシューベルトの「鱒」のような静かな曲を聴きたくなる日もある。

涼しい山風が吹いてくる。ヒグラシの合唱が聞こえる。ひとつが鳴き終えぬ間に、他のものがそのあとを追い、またその残響が消えぬうち、ひとつが鳴き始める。遠くのものと近くのもの、そしてこちらから向こうへと、鳴き返し、林間に響いてくり広げられるロンド。陽光は次第に力を失い、山かげに藍の色がにじむ。木立のなかを透過した光が、ひととき、漆喰の白い壁を、茜色に染め上げる。

日が沈み、夕闇が濃くなる。窓に町の灯が映り始める。

今日は、ラフマニノフの「ピアノ協奏曲・第二番」がかかっている。スタッフの一人が持ってきて、ここ数日、この曲ばかりを聴き続けているところをみると、なにか特別な思い入れがこの曲についてあるのだろう。影絵のように、館内に展示してある民俗仮面や、木製の狛犬《こまいぬ》などがガラス窓の中に浮かびあがる。暮れてゆく町の風景、樹林などが投影されて、窓の中は一枚の幻想的な絵画のようだ。

ギリシアの、哲学発祥の地といわれている何とかいう半島の、海に突き出た岬の両端に、一対の獅子の頭部の彫像があるそうだ。そこは、古代ギリシア文明の遺物がごろごろと転がっているところで、大理石で彫られた獅子の頭部もそのうちのひとつだという。幾千年の風雨に晒されて、それはもはや、獅子というよりも石そのもの、物体としての「石」といった風情で、他の多くの遺物にまぎれてそこに存在し続けているのだという。

元来、獅子というのはライオンのことで、古代オリエントの時代には力を象徴する王家のシンボルであったが、ギリシア神話の獅子座の思想と結びついて次第に呪術的な性格を併せ持つ守護獣として崇められるようになった。やがてそれがインドに伝わり仏教と交わり、シルクロードを経由して、中国では唐獅子という架空の動物のイメージを重ねられ、日本に渡来してからは（もちろん日本にはライオンはいないので）実在の犬をモデルにデフォルメされて、狛犬と呼ばれる現在の形態となった。私たちの美術館に展示してある木製狛犬二十数点がそれに近いもので、いずれも室町期から江戸初期頃のもの。わが国に、狛犬あるいは唐獅子が渡来した頃の様式を、よくとどめるものであるという。

文明の起源、文化の交流の歴史などというものは、われわれが腕組みをして考えたぐらいでは想像もつかない深遠かつ遠大なるものだが、私はこの話を、私たちの空想の森美術館を訪れてくれた老哲学者から聞いた。

哲学とは恐れ入ったな、と内心思ったが、聞いてみると、哲学者の話は面白かった。

紺碧の海と白い石。聖なる川。コーランの響き。熱砂。ラクダと隊商の列。群集。古代から現代へ。話につれて、いやがうえにも私は、はるかな空想の世界へと導かれてゆくのであった。

ざっくりと、片頬を削りとられた顔がこちらを見ている。虫に喰われて穴だらけになった顔。片目だけが欠け落ちて、涙を流しているように見える顔。怒髪天を突く怒りの形相。あるものは牙が折れ、目や口さえその原型が明らかでないもの。沈思黙考の態のもの……。

空想の森美術館・本館一階の「九州の民俗仮面」や「木製狛犬」のコーナーからは、ある時は荘厳なミサ曲のような、あるいは、修験道の行者たちが唱える呪文のような（声ならぬ声といった）響きが伝わってくる。神楽、雨乞い、舞楽、村祭り、奉納、守護。さまざまな用途で造られたものたちが、山深い里の神社などに収蔵され、幾世紀も受け継がれてきた年月の重みが、そのように無言のエネルギーに似たちからを発散させるのであろう。ある時、スタッフの一人がスイッチを入れたＦＭ放送の番組から、ベートーヴェンの交響曲第九番「歓喜の合唱」が流れてきた瞬間、私は仮面や狛犬たちが歌いはじめたのではないかと錯覚した。剝げ落ちた塗料も、虫食いだらけの顔も胴も、ギリシアもシルクロードも山あいの静かな神社も、それらはすべて過去のものだが、漂泊を重ねた末に、仮面や狛犬たちが、居心地のよい場所に収まって喜びの歌を歌っている、そんなふうに私には思えるのであった。

ラフマニノフの「ピアノ協奏曲」は終章へかかった。

すでに日はとっぷりと暮れて、乾いた道をわずかな残照が白く見せているばかりだ。湯布院の町の灯がきらきらと輝き、空には星が瞬いている。窓に映る幻想絵画も、一層濃密の度を加えた。

（以下略。一部加筆、再構成）

こうして出発した「由布院空想の森美術館」（一九八六―二〇〇一）の概要をここに記しておこう。

由布岳に連なる美しい山々に囲まれた町、湯布院。長期にわたり、音楽祭、映画祭、アートフェスティバルなど町ぐるみの芸術運動を展開し、文化を核とした町づくりで全国に知られる。

その湯布院の町外れ、由布岳の山麓に、一九八六年に開館した「由布院空想の森美術館」は、複数の創作家・コレクターが、絵画、写真、民俗資料、テキスタイルアート（古布）など、テーマごとの館主となり、自然と調和した文化ゾーンを演出し、町づくりと連携した美術館として活動し、二〇〇一年に閉館した。

四季の移ろいや木々の緑、鳥のさえずり、ゆったりと流れる時間……アートを取り巻くすべての風景をミュージアムと見立てた空間は、その後の個人美術館の動向と湯布院のアートシーンに大きな影響を与えた。

各館の構成

《本館》

九州の山里の集落などから収集した「九州の民俗仮面」を中心に修験資料、木製狛犬などを常設展示。アジアの仮面文化と連環する「九州の民俗仮面」は、「アジアと九州」、「九州とヤマト=日本」の関連を考察する具体資料として貴重な美術品である。

《絵画室》

窓で区切られた、由布岳の山頂、九重連山の遠望、樹林や裏山の借景などを一枚の絵と見立てる絵画室は、現代美術作家による展覧会など、一カ月毎の企画展示スペース。演奏会・講演会・公開フォーラムなど館主催のイベントも行う。

《日本の道具館》

大分県の民陶、小鹿田焼《おんたやき》(国指定重要無形民俗文化財)をはじめ、ハタ師勘太郎こと菅野昌孝が全国を巡って集め続けた古陶磁、民具、古家具、民俗資料などを展示。

《木綿資料館》

「ゆふいん」の名の起源につながる古代の布「木綿〈ユフ〉」と、古くより庶民に親しまれてきた木綿《もめん》を通して、〝衣の歴史〟を物語るテキスタイルミュージアム。「自然布」の復元と染織の工房も兼ねる。

《フォト館》

自然光を取り入れた、写真だけの贅沢な空間。全国で活躍するプロ、アマを問わない写真家たちの写真展を一カ月単位で開催。
《画中遊泳館（当初、絶版文庫図書館として出発、その後きのこ館、読書館などと変遷した）》
近代美術史研究家・後藤洋明氏の「気まぐれ美術館」関連資料・絵画と当館所蔵の絵画を展示すると同時に作家が滞在し、作品を制作しながら発表できるという創作実験空間〝アーティスト・イン・レジデンス〟の機能を備える。

私はこの空間から旅に出て、またこの地へと帰った。それは、思索と逍遥を繰り返す、刺激に満ちた「仮面史」への旅であった。

第四章　町づくりと美術館

由布院空想の森美術館の十五年

行き逢い谷

高見乾司

二つの山の向こうに
二つの谷がある。
――まむし谷
と老人はひとつの谷の名を言い
――逢引き谷
と恋人たちは他の一つの谷の名を呼ぶ。
郭公《かっこう》の声が響きあう
二つの山と二つの谷。
まむし谷を
白い幣を捧げ持ち
黒い仮面をつけた男が登り、
逢引き谷を
赤い幣を持ち
白い仮面をつけた女が下る。

二神はつねにすれ違い
行き逢うことはないが、
ただ
一年に一度
霜月満月の夜
翁神が現れて
白と赤の幣を交差させた舞を舞う
その夜だけ、
出会うという

1　木に逢いに行く　二〇一二年夏

「由布院空想の森美術館」を閉じ、湯布院の町を去って十二年目の夏、空想の森を訪ねた。二〇一二年のことである。特に用事があったわけではない。木に逢いたくなったのである。

記述が前後して恐縮だが、一九八六年に開館し、二〇〇一年に閉館した「由布院空想の森美術館」の十五年を振り返る前に、このことから記しておきたい。

十二年前、空想の森美術館を閉館し、湯布院の町を去る時、私は、自分で植え、育てた森の木々たちに、

――必ず、会いに来るからな。

と約束し、別れた。その時、森の木は、ざわ、ざわ、と揺れ、別れを惜しんでくれたのである。

約束は果たさねばならぬ。

梅雨の末期の豪雨が九州北部を襲い、故郷の町（大分県日田市）の花月川《かげつ》が氾濫して、大きな被害が出たことが報じられていた。湯布院でも、由布岳の山麓から流れ出た土石流が人家にまで達する被害が出たという。誰かに会い、見舞いの言葉を述べるという心づもりがあるわけでもなかったが、今、あの森の木々たちが、どのような姿になり、どんな風景を形成しているか、それを〝見たい〟と思ったのだ。

宮崎から大分へ向かう海岸沿いの道は、東側の太平洋上空には青空が広がり、梅雨明けが間近いことを思わせたが、西方の米良《めら》から椎葉《しいば》、高千穂へと連なる九州脊梁の山脈は、分厚い雲に覆われ、その雲が猛烈な勢いで流れていた。その山の方角から、時折、叩きつけるような雨が降ってきた。車が、瀑布のような雨の中へ突っ込んで行き、しばらく走ってそこを通り抜けると、その先はからりと晴れていたりした。

湯布院へ着いたのは、日暮れ時だった。早速、湯の坪街道へ向かった。そこが、今からおよそ三十年前に、小さな古道具の店「古民藝・糸車」を開いた通りである。町並みも、家々の立ち並ぶ風情も、以前と大きく変わってはいなかったが、懐かしいような、見知らぬ町に迷い込んだような心情であった。通りに人通りはなく、閑散としていた。観光客でごった返した一時期の現象は収まり、町が静けさを取り戻したのかもしれない。あの頃植えた櫟の木が大木となり、町並みに落ち着きを与えていたことから、重厚で静謐《せいひつ》な印象を受けたのかもしれない。

思えば、リゾート開発ラッシュに直撃され、高層ビルやマンションの建設計画を阻止するため、「湯の坪街道デザイン会議」を結成して、黒塗りの車で乗り付けてくる開発業者と渡り合い、地区の住民たちと町並みの建築デザイン、店舗の構成や性格作り、植栽計画などを語り合ったことなどが今となっては懐かしい。地域全体で展開されたそれらの運動が、後に建築物の高さを制限する町条例の制定に結びつき、湯布院という稀有な町の景観が保たれたのである。一九八〇年代のことだ。

その活動が空想の森美術館の設立へと結びつき、私は湯の坪を離れたが、病気での療養期間や各地を転々とした経歴を経て、ここで定着し、再起を果たした、いわば第二の故郷であり、現在に至る活動の原点とも言うべき場所が、変遷を繰り返しながらも、こうして実力を蓄え、美しい景観を保持しているのは嬉しいことであった。しかしながら、湯の坪街道は大急ぎで通り過ぎた。もしも、古い知り合いにでも会ったら、語るべき言葉が多すぎ、そして涙があふれそうで、少し不安だったのだ。

湯の坪から空想の森へと向かう坂道は、景色に大きな変化はなく、一気に時間を二十数年前に逆戻りさせた。美術館の建築工事開始から開館と運営、客の送り迎えなど、毎日のように通い続けた道である。

由布院空想の森美術館（1986－2001）

空想の森美術館開館一年目の歳末、私はその年の税金を払えずに、大分市にある税務署まで支払い延期の手続きをしに行った。その途中、行きつけのアンティークショップで小さな木彫りの人形を買った。税務署では、無理のない納税方法を教わり、なかば同情されたような、励まされたような格好となり、帰ったのだが、私は、この鳥越の坂道を上りながら、静かに壁に凭《もた》れて虚空を見つめ続けている一個の人形のような存在になりたいと願ったものだった。

けれども、事情はそれを許さず、その後は疾風怒濤のごとき十五年間が過ぎ、そして湯布院を去ってさらに十二年が過ぎて、今、こうして私は森の中の坂道を上っているのである。

鳥越の坂を登りきると、そこには大きな森があった。二十八年前、すなわち空想の森美術館建設当時および開館直後から植え込んだ木々は、見事に成長して、美しい森を形成していたのだ。切り払われ、開発予定地となっていた土地に立ち、スケッチをし、それをもとに建築図面を起こし、建設と同時に植栽した木々の、根の形もその張り具合も、切り落とした枝の太さも細さも、残された枝の伸びてゆく方向までも私は熟知している。その多くは、スタッフとともに裏山から引き抜いてきて植えたものだ。山桜、欅、櫟、小楢、樫、藪椿、青《あお》桻《だも》、山法師《やまぼうし》。いずれも、由布岳に自生する樹種だ。建設工事現場に横倒しになっていたのを、担いできて植えたら根付いたものもある。

それらの、見事に生長した樹木たちが、いっせいに揺れ、ごおっと音を立てた。

この場所を離れた後、私が消費した十二年という時間は、この一瞬を体験するためにあったのかもしれない。

2 町づくりと美術館

ある時、若者たちが主催する「地域再生とアート」を議論する会合に出席することになり、関連する事項をインターネット検索していたら、突然、画面に「美術館と町づくり」というタイトルが現れた。

それは、私が『ミュージアムデータ』（丹青社発行、二〇〇〇年六月）に書いた原稿で、初期の「湯布院の町づくり」のこと、「由布院空想の森美術館」を運営しながら各地を巡り、「アートと地域計画」について語り、実践した記録であった。思いがけない出会いのような気がして読み返してみると、当時の「現場」の空気感をよく伝え、時の経過を経て次世代のアーティスト・表現者・キュレーターたちにその理念が引き継がれ、伏流水のように「地域再生とアートの連携」という実態を伴って具現化し始めているということが分かり、感慨深いものがあった。

そこで、少し調べてみると、この記事は、ホームページ上の「ミュージアムデータ」からは消えていることが分かった。二十年近い年月が経過して、新しい記事が上書きされ、消えたのだろう。そして記事そのものは、誰かのホームページに転載され、インターネット上を漂泊していたのだろう。それが、突然、旅先の私のインターネット画面上に立ち現れてきたというのも、不思議な符牒のような、あるいは「神意」と呼ぶべき現象のようではないか。

以下、この記事をもとに由布院空想の森美術館の十五年の活動を概括する。

3　霧の町で　一九七〇年代後半のこと

静かな町だ。

しんしんと、胸のどこかが痛むほど、静かな町だ。

窓から見える風景を見つめながら、私はそう思った。一九七五年頃のことである。療養のため、湯布院の町の病院に入院してきた私は、病棟の窓から、静かで淋しく、そして美しいこの町の景色を見ていた。それが私とこの町との由縁の始まりであった。

足掛け五年ほどの療養生活を送ったあと、私はこの町の住人となった。すると、外から眺めていたほどこの町は淋しくもなく、静かでもないことがすぐに分かった。

「ゆふいん音楽祭」、「湯布院映画祭」を始めとする文化運動、すなわち、のちに「湯布院の町づくり」と呼ばれる運動が始まったばかりの時であり、この町に住む人たちは皆忙しく、まるで坩堝の中の異質な物質同士のように、燃えたぎっていたのである。私はたちまちその運動の中に身を投じた。

私がこの町に住み始めて最初に行ったことは、古い空き家を一軒借りて、そこを住居とアトリエを兼ねた画廊にしたことであった。「由布画廊」と名づけたその小さな空間は、すぐに絵の具やキャンバスや種々のコレクションなどで埋まり、あたかも裏通りの骨董屋のような趣を呈したが、なぜか次々と人が集まって来て、一緒に絵を描いたり、酒を酌み交わし、夜が更けるまで語り合ったりした。そこには、私たちが最も尊敬し、影響を受けた画廊主にして美術評論家の故・洲之内徹氏や、当時は毎日新聞社の美術記者だった故・田中幸人《こうじん》氏（その後、埼玉県立美術館長、熊本現代美術館長などを歴任）などが訪ねて来てくれたり、その時集まったメンバーが、のちに「湯布院アートプロジェクト」というグループへと発展し、博多発アートギャラリー付き特急列車「ゆふいんの森号」、駅舎を美術館として運営する「由布院駅アートホール」を核とした湯布院のアートシーンの担い手となったりするのだから、やはり、私の湯布院での生活の第一歩として、この「由布画廊」時代のことは記録しておくべきだろう。「空き家」に入り込み、そこをアート空間に変えながら周辺の町並みづくり＝地域デザインに波及させてゆくという一連の私の行動パターン（驚くべきことにそれは、いつのまにか現代美術の手法の一つとなった）も、このあたりにその原型があると言えるかもしれない。

この頃、私はまだ湯布院という田舎町の中では「異人」あるいは「少し変わった言動をなす絵描き」程度にしか思われてはいなかっただろう。多少の曲折を経て、かつて湯の坪街道と呼ばれた旧街道沿いの一角に居着いた時から、私とこの町との縁は緊密なものとなった。古い町並みに住む人たちはやさしく私を受け入れてくれ、私は、漂泊の果てに故郷へと帰りついたような安堵感を抱いたものである。ここでも私は、空き家となっていた理髪店の跡を借り受け、古い民具や古布、古伊万里の食器、民俗資料などを商う店「古民藝・糸車」を開店したのである。

店に客は集まったが私は暇だったので、二階の部屋で絵を描いたり、時折、収集旅行に出かけたりした。そして夕刻ともなれば、近くの酒屋に周辺の商店主や地域づくりの仲間たちが集まり、缶ビールを片手に、地域論、店舗デザインなどを話し合ったのである。これが「湯の坪街道デザイン会議」である。ここで話し合われたことが店舗づくりに生かされ、それぞれの店が集客力を持ち始めた。そして、町並みに木を植える運動、街路灯のデザインと設置などへとつながった。街路灯には、若手のアーティスト・岡山直之氏の石の彫刻や新進の竹のクラフトマンとして登場したばかりの高見八州洋《やすひろ》（私の弟）の作品などが使われた。アートが地域の環境計画に関係していくという実験は、ここでは実際に町づくりの手法として生かされたのである。

湯の坪街道はこうして「古き良き時代の面影を残す町並み」としての魅力とにぎわいを獲得していった。その後のこの地区の発展ぶりは、現地を訪れてみれば一目瞭然であるので記述を省く。

4 骨董と遊ぶ町

古来、湯布院という町は、文人墨客の多く遊んだ土地である。

——乙女らが　はなりの髪を　木綿《ゆふ》の山　雲なたなびき　家のあたり見む（『万葉集』）

——大夕立来るらし由布のかきくもり（虚子）

九州の旅に出て
私は油布《ママ》の嶺を越えた
嶺の霧は深かった
ふもとの村の霧の中で
娘が水を汲んでゐた
いづこの農家の庭にも咲く
紅い叢花
霧の中で
娘が花を摘んでゐた
身も心も淡く濡れそぼって（後略）

——「鄙の歌」、津村信夫詩集『さらば夏の光りよ』（八代書店、一九四八）より南から、大分川沿いに遡行する道。西から、水分峠を越えてくる道。北からは塚原峠越えの道。そして東からは由布の峠を越える道。険しい道中の果てに辿り着いた山間の美しい町。

なだらかな草原。屹立する由布岳。流れて行く雲。小さな湖。そこから生まれる霧。清明な温泉。まるで東洋の仙境を思わせるこの町の景観構造こそ、多くの旅人や文人たちの足を止めさせるものである。そしてこの町に暮らす人々のこまやかな情感は、旅人をゆったりと包み込み、とらえて離さない。一度この土地を訪れた者は、どこかへ置き忘れてきた自身の原郷に巡り合ったのではないかと錯覚する。それが、この湯布院という町なのである。

文人といえば、ここ大分（豊後）の地には、かつて「豊後文人」と呼ばれた多数の文人・画家などが輩出した。わが国で初めて「しっぽく式」と呼ばれるテーブルを囲む食事法を導入し、頼山陽などをもてなしたといわれる田中田信《でんしん》。南画の奥義を極め、「豊後南画」と総称される一大画家集団の領袖として君臨した田《た》能村竹田《のむらちくでん》。門弟数千人を誇った学窓「咸宜園」を開いた教育者広瀬淡窓《たんそう》。ひとり国東の地で天地と対峙し、宇宙の真理を究明した哲学者三浦梅園。これらの人々を囲む有名無名の文人・画人、知識人たちが、江戸中期から明治へかけて、この大分（豊後）という土地で、一大文化圏を形成していたのである。そして彼らの足跡は、当然この湯布院（当時は由布院）にも及び、その与えた影響は今でもこの町に生きている。

例えば、旅館・亀の井別荘。ここは、六十余年の歴史（当時。今では百年近い歴史と言うべきであろう）を持つ、この町で最も古い旅館で、文字どおり多くの文人たちが逗留した宿である。当主の中谷健太郎氏は、雪の研究で名高い中谷宇吉郎の甥御にあたることから、宇吉郎博士の居宅であった「雪安居《せつあんご》」という茶室風の建物を邸内にさりげなく再現し、遠来の客や地元の若者などが集う「場」として提供していることなども、この宿の奥ゆかしさを証明するものである。同じ邸内にある、喫茶「天井桟敷」。江戸時代の造り酒屋を移築した豪壮な建物の二階の一室にあるこの喫茶店の中央には、巨大な円形のテーブルがあり、そこには古伊万里染付の大鉢が置かれ、野の花が投げ入れられている。窓から、藍色に霞む由布院の山が見える。ここで喫する一杯のコーヒーこそ、われわれを桃源の境地に遊ばせるものである。

昭和の時代を代表する評論家・小林秀雄が、晩年の十年間を通い詰めたことで知られる、玉の湯旅館。雑木林に包み込まれた小道がこの旅館への導入路である。熊谷守一の筆跡による木額を目じるしに玄関を入ると、正面に宇治山哲平の抽象画。待合室の板壁には冬青・小林勇の色紙が掛けられてあったり、古小鹿田の大甕に木の枝がどさりと活けられていたりするこの宿も、斬新な感覚と文人趣味とが見事な調和をみせる。主人・溝口薫平氏は、中谷氏と並ぶ湯布院町・町づくり運動のリーダーで、山歩きや昆虫などを愛する学者肌の人である。食膳に添えられた青竹の箸、その箸を飾る草花の箸置きにさえ、主人・溝口氏の粋な気配りが見てとれる。とろとろと燃える暖炉の火を見つめながら、溝口氏の話に耳を傾ける時間が得られるならば、それは、この町を訪れた旅人にとって、まさに至福の時間と言うべきである。

「無量塔《むらた》」という風雅な名を持つ茶亭は、ゆったりとした民家の中を流れるような時間にわれわれを誘い、季節ごとの素材を惜しげもなく古伊万里の食器に盛り付けて楽しませてくれる。店内にはモーツァルトのピアノ曲が流れ、旅人は、いつしか、異郷をさまよう風流人と化している自分を発見するであろう。

この頃（一九八四年頃）、「無量塔」はまだ由布院盆地の北端・金鱗湖の近くにあり、食事処として営業していた。店主の藤林晃司氏は、私と同郷の友人であったから、二人は何かと連絡を取り合いながら事業を展開した。私も、食器の選定（主として古伊万里の器）、手描きのランチョンマット、石造りの看板制作など、得意のジャンルを生かした協力をした。後に「無量塔」は、空想の森美術館の隣接地に高級旅館として新規開店し、絶大な人気を獲得、湯布院を代表する旅館となった。二人は文字通り盟友として仕事をしたのである。

それからおよそ十年後に、空想の森美術館は閉館を余儀なくされ、藤林氏には多大の迷惑をかけたまま私は湯布院を去った。が、最終的に彼の所有となった三百点の「九州の民俗仮面」のうち九十点が九州国立博物館の所蔵品として買い上げになったことで、私は責任の一端は果たせたものと思っている。

ところが、その後に藤林氏は癌を発症し、あっという間に他界した。あまりにも惜しまれる早逝であり、もっともっと、彼とは語り合える機会があったものをという無念の思いを抱かざるを得ないが、人の運命というものは、まことにはかり難いものがある。

以上は「骨董と遊ぶ町・湯布院」というタイトルで、『別冊太陽 日本骨董紀行1 九州の骨董屋さん』（平凡社、一九九一年）という雑誌に掲載してもらったものに加筆。湯布院を離れてすでに十五年が過ぎたが、当時を懐かしむというよりも、「文人趣味に裏打ちされた高度なもてなし術」という湯布院の本質はここにあり、それはいまだ失われてはいないだろう、という楽観的観測と、ひょっとしたら、それはもうとっくの昔に霧散してしまった幻像だったのかもしれないという疑念とを同居させながら、私はこれを読み返しているのである。

5 湯布院を訪れた洲之内徹氏のこと

一枚の年賀状のことから、洲之内徹氏と湯布院の町および「由布院空想の森美術館」設立前夜のことを書き起こすことにしよう。

その年賀状とは、昭和六十二年（一九八七）の正月のものだから、一九八六年に開館した「由布院空想の森美術館」の一年目にあたる。そしてこの年の十月に洲之内氏は亡くなっているから、これが、洲之内さんからの最後の年賀状なのである。

実は、私は、湯布院の湯の坪街道という当時は鄙びた旧街道沿いの古民家で小さな骨董屋をしていた時代から、空想の森美術館の十五年を経て宮崎移住以後のものまでを含めたおよそ三十年分の年賀状を大事に保管していたのだ。そしてその中には、今となっては骨董的価値が付く高名な作家からのものや大切な人から届いたものなどが数多く含まれていたのだが、その二千点程もあった葉書類が、数年前の長雨に濡れ、入れていた葛籠《つづら》ごと黴《かび》だらけとなったため、断腸の思いでそれを焚き火に投じたのである。

骨董屋を始めてすぐの頃に田舎の民家で買った愛着のある籠と、年賀状の束が火にくべられた瞬間、わずかな風が巻き起こり、一枚だけ、ひらりと空中を漂いながら舞い落ちてきた葉書がある。拾い上げてみると、それが洲之内氏からの最後の年賀状であった。そしてそれは、黴も付いておらず、汚れも比較的少ないものだったので、私は万感の思いをこめて部屋に持ち帰り、汚れをふき取って机の脇の棚に飾ったのである。

洲之内徹氏が湯布院の町を訪れたのは、一九八一年のことである。その時のことを、私は、「回想の現代画廊」刊行会編『州之内徹の風景』(春秋社、一九九六年)に書いたので、ここに再録する。

湯布院の洲之内徹

初めて洲之内徹氏が湯布院を訪れたのは、一九八一年の秋のことだった。

その日、山に囲まれた湯布院の里は紅葉の盛りであった。洲之内氏は、由布岳の中腹の原生林の中ほどにあるひときわあざやかな一本の木を指差しながら、

「あれは何の木だろう、なぜあの木だけがあんなに真っ赤なんだろう」

と不思議がっていたので、私はその日のことを鮮明に覚えているのである。その時は、洲之内氏は、放浪の詩人画家、佐藤渓《さとうけい》の足跡をたずねて湯布院へ来たのであった。

佐藤渓は、中国大陸での戦争体験などを経たあと帰国し、初期の「自由美術」の活動に参加したり宗教団体に出入りしたり、みずから芸術教の教祖と名乗ったり、「箱車」という移動式住居に寝起きして絵を描き続けたりするという、きわめて個性的な行動を示したのち、飄然と放浪の旅に出たのである。そして、旅先で倒れ、当時湯布院にいた家族のもとに引き取られ、その短い生を終える。

それからおよそ三十年ぐらいの年月が経過するのだが、洲之内氏は、ある時、画家の麻生三郎氏と会っていて、麻生氏から

「俺は佐藤渓という絵かきの遺作展をしてやるという約束をしておきながらまだ果たしていないのだ。どうやらその佐藤の遺族が九州の湯布院という町に住んでいて、かなり纏まった遺作を保管しているということなのだが……」

という話を聞いた。それで、

「では、私が行って見てきましょう」

ということになって洲之内氏は湯布院にやって来たのである。

佐藤渓は一九九四年の「東京駅ステーションギャラリー」での大規模な回顧展の実現、NHK「日曜美術館」での全国放映などによって、美術史に記録される作家となった。

その経緯や洲之内氏の果たした役割などは、すでに各方面で論じられているのでここでは述べない。実は、洲之内氏の湯布院訪問の目的は、佐藤渓の遺作を見ることのほかにもう一つあったのだ。それは、私（筆者）自身に関する事柄なので、これまで数人の友人との茶飲み話程度にしか語る機会はなく、そっと胸に秘してきたことなのだが、今回、湯布院と洲之内徹との関係における知られざる一面を語るという名目で（資料的価値はほとんどないと思われるのだが）公開することにしよう。

その日、洲之内氏は、朝日新聞のOBで現代画廊の常連の早稲田さんという年配の紳士と一緒に湯布院町

内のホテルで私を待っていた。二人の部屋は、どういうわけかホテルの新婚さん専用のツインルームになっていて、艶っぽい照明が妖しく室内を染めていた。

それは、当日の宿を手配した佐藤渓の実弟、和雄氏の配慮がどこかで行き違いになってそういう場面が現出していたのであろうが、なんとも不似合いな情景ではあった。

私と洲之内さんとは、その赤紫色の光に照らされて、少しの間じっと見つめ合っていた。

私はその間、

――似ている。世の中には自分とそっくりな人間が必ず一人はいるものだというが、これがそうなのか。そうだとしたら幸運なことだが、自分もあと三十年もしたらこのような風貌になるのだろうか……

というふうなことを考えていた。

洲之内氏は、少時の沈黙の後、

「いや、こういうのを似ているというのだろう。成川君の言ったとおりだ。自分とよく似た人間がもう一人いるということはあまりいい気持ちではないが、この人ならいいよ。了解した」

と言って、同意を求めるように早稲田さんのほうを向き、そして私の顔を見て、にっこり笑った。早稲田さんは二人の顔を見比べ、うんうん、と言いながら、しきりにうなずいていた。

成川雄一《なるかわゆういち》氏は、春陽会所属の画家で、洲之内氏の古い友人である。そのことは「気まぐれ美術館」の連載にも書かれた。その成川氏に、洲之内さんが、

「近いうちに九州の湯布院という町に行こうと思っているのだが……」

と言うと、成川さんから、

「湯布院へ行ったら高見という人に会うといい。洲之内さん、その人はあなたにそっくりですよ。体格も顔立ちも、その言動も」

という答えが返ってきたので洲之内さんは驚いたのである。その時、氏の手元には私（高見）からの手紙があったからである。その手紙の内容を要約すると、

「自分は『きまぐれ美術館』の連載を愛読し人生のテキストとしている田舎のアマチュア画家だが、『気まぐれ美術館』の連載の中で、洲之内氏が成川氏の初期の仕事について触れ、あのころが良かった、成川君、あそこまで帰れよ、という意味のことを言っている。しかしこれについては異議を申し立てたい。画家が元の位置へ引き返すことが出来るはずがないと思うのだ、云々」というものであった。その手紙を面白いと思い、湯布院へ行ったら手紙の主（つまり私のこと）に会うつもりだったのだが、成川氏と私とが知り合いだったとは思いもかけなかったというのである。

成川氏と私とは、その数年前、湯布院で会っていた。写生旅行のため湯布院に来た氏を、私が案内する役目を仰せつかったからであった。私は病気の治療のため湯布院へ来たのが縁で、この町に住み着いたばかりであった。そのころ勤めていた旅館「亀の井別荘」の客として来た成川氏のための接待役という役回りであった（成川氏と湯布院の人々の縁については省略）。その頃は私も現場へ出て風景写生を重ねていたから、成川氏と私はさしずめ旅の画家と画学生とでもいうような絶妙のコンビネーションとなった。だが、氏はその頃は深刻なスランプに悩んでいて、私もアマチュア画家なりの悩みを抱えていた。成川氏は、懸命に筆を走らせながら、

「描き続けること、描き続けること。それしか脱出する方法はない……」

と、私にも、自分自身にも言い聞かせるようにつぶやき続けるのであった。

私はその真摯な制作態度に深く感銘を受けていたから、前記のような手紙を洲之内さんに出したのだったが、まさか、それが氏の目に止まるなどとは夢にも考えていなかった。だから、初対面の夜、洲之内氏が背広の内ポケットからその手紙を取り出し、

「貴方とはこの手紙に書かれていることについて話をしたいと思っている……」

と切り出された時の驚きは形容しようがない。「気まぐれ美術館」は遠い世界のできごとで、洲之内氏は雲の上の人だと思っていた私にとって、当の本人と会っているということだけで、すでに夢の中にいるようなふわふわした状態だったのであるから。

けれどもその夜は佐藤渓のことへ話題が移行し、翌日は佐藤の作品を見、洲之内氏は次第に佐藤渓の世界へ没頭していったから、手紙の件については話す機会がなかった。

佐藤の絵を見た日は、前日の好天が一変して、雨の降る暗い日であった。古い民家の押入れの中から取り出された作品を私が受け取り、洲之内氏へと手渡した。氏は言葉もなくそれらを見入っていたが、作品が持つ暗さと雨の音とが混交し、部屋は一種異様な雰囲気に支配された。それが、洲之内氏と佐藤渓、そして湯布院との出会いの最初のシーンであった。

その日の夕刻、洲之内氏は四国へと渡り、高知県中村市在住の画家・田村裕典《ゆうてん》氏（「骨」などの作品で「気まぐれ美術館」に登場）のアトリエに立ち寄り、東京へと帰ったはずだ。

洲之内さん愛用の皮のショルダーバッグに、佐藤渓の作品が十点ほど入れられていた。

連載「気まぐれ美術館」に佐藤渓が登場したのはその直後のことで、現代画廊での「佐藤渓遺作展」の実現はその一年後のことであった。


長い引用となったが、私は昔話がしたいわけではない。この一年後に開催された現代画廊での佐藤渓遺作展で、私は佐藤渓の作品十二点を買い込んだ。由布院空想の森美術館の設立準備資金がそれに当てられ、佐藤の絵は散逸しないで遺作展も開催され、湯布院へ持ち帰れるという遺族・現代画廊・私の三者の思惑が一致したのである。

その佐藤渓遺作展の折、洲之内さんの大森のアパートへ泊めてもらうという幸運に恵まれたことなどは、別項

「人形町散策と洲之内徹氏のこと」で詳述する。

その佐藤渓遺作展の最終日、現代画廊を出て旧式の手動式エレベーターに乗ったのは、なぜか洲之内さんと私の二人だけだった。

「みんな、どこへ消えたのだろう……」

と洲之内さんは不思議そうな顔をした。が、気を取り直したふうに、

「スエヒロで焼肉でも食って別れよう」

と私を誘って、銀座の焼肉屋に入った。その有名な店の肉は、由布岳の草原を歩き回った黒牛を食べ慣れた者としては少々物言いを付けたい程度のものだったが、別れ際に洲之内さんが言った二つのことは、私を驚かせる内容のものだった。

その一つ。

「僕もねえ、あとどれだけ生きられるか分からないから、コレクションの行き場を探しているんだよ。君の空想の森美術館が出来上がったら預けてもいいよ」

もうひとつ。

「それとね、君も現代画廊で君の絵の展覧会をして下さい」

この二つは、叶えられない夢として終わったが、今も私の心の中に大切な宝物として蔵われているのである。私の絵と洲之内さんの言葉、「モダンジャズと犬」というタイトルで「きまぐれ……」に書かれた狛犬のことなども後述。

その後、佐藤渓の遺作を収集し、展示した「由布院美術館」が誕生し、空想の森美術館と両輪で「由布院アー

ト」と呼ばれた時代を牽引したが、二〇一二年三月、その由布院美術館も閉館。また一つ、時代が変転した。

6 絵の見方

銀座「現代画廊」の主・洲之内徹氏は、その美術随想「気まぐれ美術館」(月刊誌『芸術新潮』に一九七四年から八七年までの十三年間にわたり連載)で多くの読者を獲得し、コレクター・美術評論家としても際立った発言と行動で当時の美術界に影響を与えた。洲之内氏の一枚の絵に対する向き合い方、無名の作家の作品に出会い、その内面や人生までを掘り下げてゆく真摯な追求の姿勢などが、共感を得たのである。銀座の裏通りにあった「現代画廊」は、作家やコレクター、美術愛好家であふれ、美術論議が交わされ、タバコの煙とアルコールの匂いが混交し、熱気に満ちた。

一九六〇年代後半から七〇年代前半へかけて、私は郷里の町のアマチュアの絵画グループに所属し、地方美術展や中央の公募展への出品を続けていた。が、「気まぐれ……」を十年近く読み込んでいると、そこに書かれている「洲之内徹の絵の見方」、「洲之内徹の美術論」と実際に体験している地方美術界のあり方や団体展の仕組みなどはかけ離れていることが分かった。しかも、現場で一気呵成に仕上げる私の情緒的な風景画のごときは、時代遅れの田舎画風として否定され、私は方向を見失った。現場で描いた絵をアトリエに持ち帰り、一度白い絵の具で塗りつぶして再び同じ色調の色を重ねて掘り起こし、画面の抽象化をはかるという、今思えばばかげた労力と手間をかけて絵を「殺して」いたのである。世は抽象画全盛の時代であった。

洲之内さんは、一枚の絵に向き合った時、黙って、長い時間、その作品を見つめた。鋭い眼光は作品の背後に潜む画家の本質をとらえ、画家の内面や人生にまで達するかのようであった。対峙する、あるいは対話している、という雰囲気が、絵と洲之内さんの周辺に漂った。そして、作品から目を離すと、ほっと小さな息を吐いた。それから、何か大切なものがつむぎ出されるように、「言葉」が出た。それは、後で「気まぐれ……」に書かれたり、これまでに読んで親しんでいたりする「洲之内徹の語調」であり、無名作家や埋もれた美術史的作品などを掘り出す瞬間でもあった。

放浪の詩人画家・佐藤渓の作品を押入れの中から取り出し、展覧会の日取りや方針などを確認して、湯布院の町を散策している時、なんとなく、

「君の絵も見よう」

ということになって、洲之内さんは、私のアトリエに立ち寄った。私はその頃、湯布院の町の裏通りで古い床屋だった家を借りて改装し、「由布画廊」と名づけたアトリエにして絵画教室を開き、仲間と絵を描いていたのだが、そこにはちょうど、迷いのさなかで描き続けた展覧会出品のための絵と、故郷の町の「石切場」で働きながらキャンバスを立てて描いた絵、旅先や湯布院の町の風景を描いた絵などがまとめて置かれていた。それらの作品をグループ別に分け、長い時間をかけて洲之内さんは見つめた。

私は頭の中が真っ白になったような不思議な感覚で、洲之内さんの後ろに立ち、その場に漂う緊張感に耐えていた。

そして、その長い沈黙の時間が過ぎると、洲之内さんは、私の一枚の風景画を指差し、

「これが、高見乾司という画家の本質だよ」

とひとこと、言った。それは、雪の降る田んぼにキャンバスを立てて描いた湯布院の町の十号の風景画で、長い入院生活の後、この町で暮らし始めて間がない頃に描いた作品であった。

私には、そのひとことで十分であった。

その後、私は公募展への出品を止め、「人に見せるため」、「評価を得るため」あるいは「あわよくば絵を売って生活すること」などの目的をすべて放棄して、ただ、旅先での一枚を得るためにだけ絵を描くことを決意したのである。

私の部屋に置かれていた木彫の「狛犬」に目を留め、それが「モダンジャズと犬」というタイトルで、佐藤渓のことやその頃私が飼っていた猟犬サブのこと、友人の竹工芸家、故・野之下一幸氏のことなどとともに「気まぐれ美術館」に書かれたのは、洲之内さんが二度目に湯布院に来た時のことであった。私の絵のことについては、「気まぐれ……」では一度も触れなかった。だから、私は自分の絵とは所詮その程度のものだろう、と理解した。

が、前述したように、その一年後、最後に洲之内さんに会った時、

「君も現代画廊で君の絵の展覧会をして下さい」

と言っていただいたことが、思いがけず、そしてうれしく、ありがたく、終生の宝物となったのである。

7　絵を焼く煙

「由布院空想の森美術館」の建築工事が始まった時、私は建築現場で、それまでに描いた大半の絵を燃やした。一介の田舎のアマチュア画家であった自分が、他人の作品や古人の優作、歴史上の美術品などを展示するために「見分け」をする立場に置かれるのである。自身の絵の力量は承知しているつもりだったし、何よりも自作をこそ、まず「裁いて」おくべきであると考えたのである。私は、この時点で「絵描き」としての自分と決別した。そして、「九州の民俗仮面」を展示の核に据え、「企画」に重点を置いた美術館運営を心がけた。それが後に湯布院の

町全体を俯瞰した「アートフェスティバル」方式の美術展、お洒落な特急列車や駅舎を美術館として運営するという提案などへと繋がってゆき、「アートの町湯布院」というトレンドを生み出すことになるとは予測してはいなかった。

「絵を焼く」という行為は、建築工事開始後一週間目に亡くなった、コレクターT氏への鎮魂の意味も込められていた。T氏は、私が湯の坪街道で小さな骨董屋をしている時に、飄然と店に現れ、毎月、多額の買い物をしてくれる「上客」として定着した後、私が秘蔵していた「仮面コレクション」と「古布コレクション」に出会ったことで、氏の資金を投入した美術館構想が一気に実現へ向かったものであった。もともと、保養のために湯布院通いを続けていた氏は、療養所を兼ねて人生の大半をかけた収集品の展示施設を作りたいという思惑を秘めていたのである。

新しい会社を設立し、T氏が社長となり、私が企画者・館長を務めるという構想のもとに開始された事業は、持病の喘息の発作により急死したT氏の遺志を継いで、私がやり抜くという唯一の道しか選択支は残されていなかったのだ。

果てしない青空へと向かって立ち昇り、由布岳の山頂付近から湧き出てきた雲と混じり合い、さらに高い空へと上昇し、やがて空の青に同化してゆく煙を見つめながら、私はT氏と、幼い頃から抱き続けてきた「画家への道」という夢とに別れを告げたのである。

8　町はミュージアムである　～アートの拠点が誕生し始めた八〇年代～

湯布院の町で暮らし始めて、いつの間にか十年近い歳月が流れていた。私は「町づくり」の一員に加えてもらえたことが嬉しくて、さまざまな会合や地域づくり会議などに顔を出した。ゆふいん音楽祭が十年目を迎えた頃のことで、私も実行委員の一人として会場作りに走り回ったり、音楽家の世話をしたり、雑務の合間に楽屋裏に回り、演奏を聞いたりしていた。この頃が、私にとっても、また湯布院の町にとっても、最も輝かしい時期であり、皆が「東洋の理想郷」のような町が出現することを夢想した時期であった。だが、現実は理想どおりには進まず、町は大きな転機を迎えた。

小さな町に観光客があふれるようになり、大型の開発計画がなだれ込んできた。当然、町づくりのメンバーたちはそれに反対する運動を起こした。もともと、湯布院の町づくり運動そのものが、「猪《い》の瀬戸」と呼ばれる湿原の保存運動から出発した経緯もあって、この町の人たちは豊かな自然が壊されることに強い反発心を抱く傾向が強かった。私もまた迷わずそのメンバーの一員となったが、この過程で、「空想の森美術館構想」が生まれたのである。それは、「反対」を唱えるだけでなく、私自身がこの町に受け入れてもらえたように、他の進出企業や個人にも、気持ちよくこの町に入り込めるようなプランの提案であったし、そのモデルケースの一つになればという〝願い〟でもあった。そしてそれは、自分自身のこの町での居場所を探す作業でもあった。

この骨董屋の二階で描かれた空想男の絵空事のような構想は、突然現れたコレクターT氏の支援によって、ごく短期間で実現に向かった。それは、同時期に行われた町の商工会主催による町民アンケートに記された「美術館や図書館、音楽堂などが点在し、瀟洒な宿泊施設が自然と共存する静かな町」という町民の願望と一致するものだという確信に基づくものでもあった。こうして私は、開発のために切り払われ、売りに出されていた由布山麓の土地を購入し、小さな美術館が集合する「由布院空想の森美術館ゾーン」の主宰者となったのである。この時期、彫刻家&染織家夫妻の経営する「末田美術館」、ガラス工房、紙漉きの工房などを持つ小さなテーマパーク施設「湯布院民芸村」の二施設がすでに開設されており、それぞれ客を集め始めていたことは特記しておかねばならない。前述したように、私どもの空想の森美術館は私設でありながら、湯布院の町づくりの運動の中から生まれてきた美術館であると私は認識しているのだが、末田美術館と民芸村（いずれも私設）が湯布院の美術館・博物館など施設の先鞭をつけた事業であるという認識も欠かせない。

さて、自分史的前置きが長くなったが、やはり湯布院のアートを語るには、出発点であるここまでを描いておかなければ説明しにくい点も多いので、紙数を費やした。この頃から、放浪の詩人画家・佐藤渓の作品を集めた「由布院美術館」、陶人形作家・中西ちせ氏と木工家・中西重昌氏の工房兼ギャラリー「Mune」、木の工芸家・時松辰男氏の工房兼ギャラリー「アトリエとき」、博多発湯布院行・アートギャラリー付きのお洒落な特別急行「ゆふいんの森号」、駅の待合室をギャラリーとして運営する「由布院駅アートホール」などが次々と誕生した。まさに「アートの町・湯布院」という刺激的な舞台の幕開けであった。

私たちは、「由布院駅アートホール」をこれらの施設の代表者やスタッフで運営する組織「ゆふいんアートプロジェクト（のちに由布院駅アートホール企画運営会議に発展）」を結成し、その運営にあたったり、町に点在する施設が同時期に同じテーマで企画展を行う「アートフェスティバルゆふいん」、同じく「ゆふいんアートナウ」、「わたくしの町美術館展」、湯布院の町を二分した開発と環境問題を問う「メールアート展・地球市民発湯布院行」などを行った。これらの連続した企画展を総称して、私は「町はミュージアムである」という論文を書いた。美しい山々に囲まれた小さな町。その「町＝地域そのもの」がミュージアムとしての機能を持ち始めた、という実感に基づくものであった。

9　アートは走る　「ゆふいんの森号」と「由布院駅アートホール」

褐色の山肌と、まだ散り残っている紅葉と、常緑樹の濃い緑とに染め分けられた山峡を、「ゆふいんの森号」が走り抜けた。このさわやかなグリーンと銀色とで装われたお洒落な列車は「博多発湯布院行き」というキャッチコピーで登場し、人気を博したアートギャラリー付き特別急行である。

この列車の誕生については、私は少々の縁がある。

一九八六年に開館した「由布院空想の森美術館」は開館二年目の一九八八年から、「アートフェスティバルゆふいん」を主催し、「町はミュージアムである」という主張で、湯布院の町に点在する美術館、アートギャラリー、旅館、ペンション、レストランなどを結んだ「地域美術展」を開催していた。

一九七五年に「ゆふいん音楽祭」、「牛喰い絶叫大会」、続いて一九七六年に「湯布院映画祭」が相次いで開催され、〝文化の町・湯布院〟として全国的な知名度を獲得していた。その流れの中で、個性的な美術館やアートギャラリーが相次いで誕生したのだが、同時に、あきらかな贋作やキャラクターグッズを展示した美術館、単なるみやげ物店をアートギャラリーと称する施設などの乱立が相次ぎ、観光地の通俗化現象が指摘されるようになっていた。

これに対抗する措置として、「町に点在するアートの拠点」が緊密に連絡を取り合い、協議を重ねて情報ネットワークを形成し、それぞれが独自企画で参加する美術展を開催したのが、「アートフェスティバルゆふいん」であった。湯布院という「地域」を単位とする芸術表現活動の先駆的実験であり、健全かつ真摯な芸術活動としてのアート活動を行う施設の「見分け」の規準を提供するという趣旨も併せ持っていたのである。つまり、「にせもの」に大しては敢然と戦うという意思表示もまた、この時期、湯布院に集結した民間のキュレーター、コーディネーターの気概であった。

これこそ、従来、美術館やアートギャラリーという枠組みの中で行われていたアートの企画が、市民の日常生活の中に浸透してゆく役割を果たし、「アートの町＝芸術文化観光空間」の原点と捉えられる運動であった。

このアート運動に着目したのが、当時のJR九州社長の石井幸孝《よしたか》氏である。

石井社長は自ら湯布院の町へ足を運び、わが空想の森美術館の二階のテーブルで、湯布院アートを牽引するスタッフたちと語り合った。なんと、そこから、「博多発湯布院行き・アートギャラリー付き特別急行」という発想が生まれたのである。それは石井社長の発案だったが、私たちもすぐに反応し、協賛した。

完成した「ゆふいんの森号」の第一号列車には、博多駅から針生一郎（美術評論家）、尾崎正教（わたくし美術館運動提唱者）、深野治（美術史研究家）、菊畑茂久馬《もくま》（画家）などの錚々たるゲストと石井社長、湯布院の代表者などが乗り込んで、「列車シンポジウム」を行いながら湯布院へと向かったのである。

このことを機縁とし、「由布院駅」を美術館として運営する、という構想が持ち上がった。

そもそもの発端――これが大事だから特記しておく。この年、世界的な建築家・磯崎新《あらた》氏に、改築される由布院駅の設計をJR九州と湯布院町が依頼したのだが、その当初の設計案が提示されてきた時、湯布院の「町づくり」のメンバーたちは当惑を隠せなかった。磯崎氏は世界的な建築家であり、大分県の出身者であり、大分出身のメンバーを核として活動した前衛美術家集団「ネオ・ダダ」のメンバーとも交流があったことから、その人選には誰も異議を唱える者はいなかったが、肝心の駅舎のデザインが、中央に一二メートルを超えるシンボルタワーを持つ「美術館のような駅」だったのである。

デザインそのものに文句を付ける筋合いはないのだが、当時、湯布院の町は、なだれ込んでくる観光開発業者によるリゾートマンションの建設、ゴルフ場開発などに対する対応に頭を痛めていた。先進地「清里」や「湯沢」の例をみるまでもなく、高層マンションの建設を認めれば、湯布院の最大の地域資源である「景観」が破壊されてしまうという深刻な悩みであった。これに対応し、町は建築物の高さを規制する条例の策定に向けて動き出していた。磯崎氏の設計案を認めれば、その後はなし崩しに高層ビルの乱立を容認してしまうこととなる……。

ここで立ち上がったのが、町づくり運動のリーダー中谷健太郎氏と、その友人たちであり、ネオ・ダダの仲間でもあった前衛美術家たち、そして湯布院アートのスタッフである。町づくり運動の拠点・亀の井別荘に磯崎氏を招き、シンポジウムという名の酒宴を、二度にわたって開いたのである。

由布院駅アートホール（2017年撮影）

その二晩とも、磯崎氏は終始上機嫌であった。それはかつての「前衛」の仲間たちが容赦のない質問を磯崎氏に対して浴びせ続け、私たち湯布院アートの面々も、自分たちが集めたデータをもとに意見を述べたからである。その要点を二、三点挙げておこう。

・前記高さ制限に歯止めがかからなくなる問題。これは主としてリーダー格からの発言。

・駅前に高層ビルが立ち並んだら、駅に降り立った時に由布岳が見えなくなってしまう。これは湯布院観光にとっての最大の損失である。

・昔から六所神社様の大杉（樹齢数百年の屋久杉）より高い建物は建ててはならぬ、と言い伝えられてきたという、中には乱暴な論理も。さらに二度目の会の時に美術家たちから、

・せっかく磯崎さんの建物ができるなら、それを美術館として使おうではないか。

・その建物の真ん中の空間に鉄の物体（オブジェ）をぶら下げてよろしいか。

・時々、壁面を塗りつぶして絵を描くライブペインティングをやりたいがどうか。

等々。これも前衛ならではの過激な提案となった。それらに対し磯崎氏は、

――うん、どの意見も面白いし、地元の人たちの言うことが理にかなっている。

と言い、たちまち設計変更をしてくれたのである。さらに二度目の会合の翌朝には、工事現場に立ち、自らこまごまと変更の指示をした後、爽やかに手を振り、

――これでよし。後は頼んだよ。

と晴れやかな笑顔を残して帰っていった。

私たちはこれに感激した。

――さすが世界のイソザキといわれる建築家である。

――これこそ、本物の芸術家である。

これが、その後二十年以上にわたって運営され続け、湯布院アートを牽引してきた「ゆふいんの森号」と「由布院駅アートホール」の初動であった。
＊以後の記録は『由布院駅アートホール20年間の記録』（ゆふいんアート委員会編、二〇一二）に詳しいので参照して下さい。

10 「アートフェスティバルゆふいん」と湯布院のアートシーン

一九八六年に開館した「由布院空想の森美術館」は、「九州の民俗仮面」を展示と研究の柱に据え、日本の戦後アートシーンにおけるきわめて個性的な私設美術館として注目を集め、評価された。同館は、仮面展示と企画室を持つ「本館」の他に、写真美術館「フォト館」、古民芸・古道具の逸品を集めた「日本の道具館」、由布院の地名の起源に関わる自然布と木綿《ゆふ》、古布などを集めたテキスタイルミュージアム「木綿資料館」を併設し、本館付属の企画ギャラリーでは新進の現代美術作家を取り上げた企画展を連発、ゆふいん音楽祭と連携した小さなコンサートも開催した。そして、「アートフェスティバルゆふいん」の実行拠点ともなり、多くの創作家、美術愛好家、鑑賞者、旅人などが集まったのである。この時期、放浪の詩人画家・佐藤渓（前出）の作品を集めた「由布院美術館」が誕生し、「ゆふいんの森号」、「ゆふいん駅アートホール」の運営を受け持つ「アートプロジェクトゆふいん」が誕生して、いよいよ「アートの町湯布院」と呼ばれる地域文化が形成されたのである。

繰り返すが、「アートフェスティバルゆふいん」とは、「町」という地域単位を「ミュージアム」と見立て、同一期間に参加施設がそれぞれ独自企画を組み立てて参加するという、それまでの日本の「美術展」には見られなかった表現手法であった。展覧会に出展し、入選を重ねて画歴を積み上げ、生活基盤を築く、有名画廊での展覧会や高名な美術評論家が取り挙げることによる知名度のアップなどが、美術界で生き抜くための画家たちの生涯をかけた努力精進の道だったこと、「美術展」を開催する「場」としては公立の美術館がその主流だったことなどを考え合わせると、この手法は、湯布院という「町＝地域」が「ミュージアム」という機能を獲得したことにより、新進・無名を問わず発表とビジネスの機会が与えられ、自信作を世に問う場が公開され、フリーのキュレーター（企画者）や個人美術館のオーナー、学芸員が自由に腕を奮う機会が与えられたのである。

ところが、この「利点」と効果をあざ笑うように、さまざまなアート・ビジネスが混入してきた。先述した贋作美術館やキャラクターグッズ・ミュージアムなどの観光地ビジネスが怒濤のように押し寄せてきたのである。「自由企画」、「アンデパンダン方式」をとる展覧会には少なからず付きまとう悩みだが、「癒し」をテーマとした静かな療養型の温泉地を目指す湯布院の施設の運営方針とは合致しない内容も出てきた。高級旅館の庭に裸体彫刻を展示したり、観光スポットの湖の岸辺に破れかけた布団を敷き、そこに「花」と称する妖しげな物体を「活け」たり、あきらかな「売り絵画家」の作品が混入していたりして、カオスの状況を呈してきたのである。これは湯布院の町のリーダーたちには受け入れがたい価値観であった。

ここに、「針生一郎と湯布院のアート談義」と題した、『月間ミックス』（大分合同新聞社刊）という月刊誌に私が連載した記事があるので、要約し、転載することにしよう（一九九七年三月の記事より）。当時の湯布院の町に渦巻いていた熱気と空気感をよく伝えるものである。

《空間を結ぶアート、湯布院の意志》

一九九〇年頃から登場し始めた湯布院の美術館やギャラリーなどのアートスペースは、それぞれ独自の活動を展開しながら、「ゆふいん音楽祭」、「湯布院映画祭」などの文化運動と連携し、「アートの町」と呼ばれるまでの評価を獲得した。また、押し寄せてきた乱開発現象や政治の乱れなどにも批判の矛先を向け、発言を続けた。それらの活動は「ゆふいんの森号アートギャラリー」や「湯布院駅アートホール」の誕生、「アートフェスティバルゆふいん」などの地域美術展の実施などにより、周辺地域にも影響を及ぼし、新しい地域文化の方向性を切りひらく役目を果たしたのである。

反面、前記のアートビジネスの参入という憂慮すべき事態も招いて、厳しい批判にさらされるという局面も生じた。これらの事態を念頭に、当時繰り返された議論の要点を上げておこう。

- 湯布院アートは、民間グループ「ゆふいんアートプロジェクト」の活動を中心に推進されてきたが、「ゆふいんアートネット」、「由布院駅アートホール企画運営会議」などが新しく結成され、次なる段階に入った。
- 「ゆふいんアートネット」は湯布院町内で美術活動をする施設間の情報ネットワーク。つねに新しい情報を収拾し、提供し、施設間の連帯を生み、美術愛好者や観光客にも上質の情報を提供、「アートビジネス」、「共感できない美術館」との「見分け」の資料とする。
- 湯布院にはさまざまな「場」がある。映画、演劇、音楽、宿泊、人と人の交流の場など。アートはそれらの場を結ぶ空間と言える。場と場が連なり、響き合うことによって、「湯布院の意志」と言うべき空間が醸成されてゆくだろう。
- アートはいまや湯布院観光の重要な位置づけを占める。ただ、評価と内容が伴わず、苦情が寄せられている状況もある。「湯布院は創る場」であり得るか、という議論もある。まだまだ湯布院から新進の作家が登場するという段階には至っていないが、「アーティスト・イン・レジデンス」、「キュレーター・イン・レジデンス」、「美術館やギャラリーが受け持つ発表の場」などの試みによって「創る」という土壌は開拓されてゆくだろう。
- 都市の文化が衰退に向かっているという現状をみると、湯布院はますます地方文化拠点としての要素をつよめていくと思われる。内部の批判力を持ちながら、挑戦を続けてゆく町であるべきだろう。

以上の論議をふまえ、一九九八年十二月、十年ぶりに針生一郎氏を湯布院の町に迎え、二回にわたり、「湯布院アート談義」を開催した。会場は「亀の井別荘」、「由布院空想の森美術館」。参加したのは菊畑茂久馬（画家）、風倉匠《かざくらしょう》（美術家）の他、県内の美術館の館長、学芸員、美術家など。

針生一郎氏は、一九五〇年代から美術評論活動を開始し、六〇年代から七〇年代にかけて展開された前衛美術運動の記録と評論を骨格とした幅広い美術評論で、戦後美術をリードし続けた美術評論家である。菊畑氏は、六〇年代後半から七〇年代前半の美術界を駆け抜けた前衛美術集団「九州派」の中核メンバーとして衝撃的な活動をされ、その後も制作を続けておられる。お二人は、「ゆふいんの森号」に乗り込んで「列車シンポジウム：アートは時空礫断《れきだん》の夢を運ぶか」で大いに語りながら湯布院へ乗り込んだ経緯がある。その後の湯布院アートの動向をふまえての発言である。

《戦後美術と前衛》

第一日目、由布岳の山麓・金鱗湖の畔に立つ重厚な旅館「亀の井別荘」の一室で行われた針生氏と菊畑氏の対談は、さながら日本の戦後美術史を俯瞰するようなものとなった。東北・仙台市の大きな醸造家の長男として生まれた針生氏は、学生時代に終戦を迎えた。疎開先の農村から炎上する仙台の街の明かりを見たことが、その後の氏の人生に決定的な影響を与えたという。跡を次ぐべき家を弟に任せ、東京へ出て、二十八歳で美術批評を開始したのは、一九五〇年代のことであった。氏は、同時期、新日本文学会、記録芸術の会などに所属し、文学活動を主体としながら、美術批評を開始したのである。「感性を変えるのは造形芸術である」と認識し、さらに「アヴァンギャルド＋実践芸術が荒廃から再生へと向かう時代の方向性である」と確信した。

一九六〇年代に入ると、各地で前衛芸術運動が勃興した。なかでも針生氏は、大牟田の三池争議、田川のサークル村などと連動する「九州派」の運動に共鳴し、熱心に九州へ通った。「地方にこそあらゆる萌芽があった」と針生氏は語る。この時期、「読売アンデパンダン展」、「日本アンデパンダン展」、「ネオ・ダダ」、関西の「具体」等々、「前衛」は針生氏の評論を拠り所とした。菊畑氏と針生氏は、いわば戦友のごとき間柄と言うべきであろう。

以下、針生氏の発言から。


【私が美術批評を始めたのは一九五三年ですから、すでに四十五年になります。作家は批評されることを自分の仕事に対する「採点」みたいなふうに受け取る人が多いのですが、批評というのはそうではないのです。芸術にはいわば国定教科書みたいなものはないのであって、私はこの作品についてこう受け取った、あるいはこう感じた、という風な書き方で、つまり「受け手」に対してその作家の仕事を紹介してゆく、ということが主眼なのです。つまり、自分の好みを持った上で、美術なら美術についての的確な判断をしながら、いわば「群集」ではなく「公衆」を形成してゆく、それが批評の使命だと思うのです。

ところが、半世紀近くやってきても、批評というものはまことに無力なもので、その意味では「公衆づくり」に私は失敗したと思っています。公衆はつくれなかった。もちろんコレクターに対する影響やマーケットに対する影響はある程度はあったでしょう。公衆はつくれなかったけれど、公募団体がほとんど無意味であるということ、つまり、何々展会員などという肩書きに頼ったり、何々団体に所属して発表を続けていくという作家よりも、個展活動などを主体に活動する作家のほうが本筋であるというふうな機運だけはつくれたのではないか、まあ、そこだけは専門家としての批評家の業績かな、とは思っています。

二十年ほど前（一九八〇年頃）、フランスの友人から、日本の画家の略歴を見ると、貸し画廊のほかにデパートで展覧会をやってるのが大半で、公立美術館で展覧会をしたという美術家を見たことがないが、これはどういうわけだ、という質問を受けたことがあります。その時私は、「日本の公立美術館は生きている作家の展覧会はやらないのだよ」と答えました。「あ、そういえば東京国立近代美術館が、この間、初めて生きている作家をやった。それは平櫛田中《ひらくしでんちゅう》という九十六歳の作家だ」と言ったら、「それが近代美術館か」と苦笑していました。そういう話をした三年後ぐらいに、斎藤義重さんの個展を東京国立近美がやり、私はそこで講演を頼まれたので、平櫛田中から斎藤義重まで長足の進歩のように見えるけれども、斉藤さんは去年亡くなった私のおふくろより一つ年上だと言った（笑）。

《美術における「公」と「私」》

なぜ、美術における「公衆」が形成されないか、というと、これは一つは戦後の政治の問題と関係します。敗戦後の日本国家の「欧米を学ぶ＝真似る」という基本的な性格なのです。私などは、戦争中、滅私奉公といって、私心を滅して公につかえるという、そういうスローガンの下に働いた。ところが戦後は価値観が逆転して私的な欲求を追求するのが「自由」だ、ということになった。しかし私的な欲望はさまざまだから、その間に、絶対に無視することのできない基本的人権とか共通の課題とかが見失われる。戦争中の「公」とは「お上」のことで、天皇であり、国家であったのだけれども、戦後は、人民、民衆が公であるというふうに逆転しながら、共通の課題を見失い、公的観念がなくなり、汚職政治家、汚職官僚、汚職企業などが出てくる「公」がどこにもない不思議な社会になってしまった。欧米の良い面を学ばなくて、悪いところだけを真似た。それが芸術にも影響しているのです。

日本の政治家が三流であるということは外国にも知られていることですが、それにしても、日本の商品の顔は見えるけれども文化の顔が見えない（すなわち外国の真似ばかりしている）、どういう社会、どういう文化を創っていこうとするのか、日本の顔が見えないということは、外国からよく言われることですね。一人ひとりの芸術家や学者は健闘しているのですが、それが公的なもの、日本が押し出す「公」のものになっていないということなのですね。

つまりそれは多くの「受け手」がそれを支持し、それを共通意見として自覚していない、ということなのです。その点で、私立美術館というものは私（針生）の立ってきた批評の目標と同じでありまして、自分はこういう作品に惚れ込んだとか、こういう作品がいいと思ったので集めた、どうですか、いいでしょう、と問う姿勢なのですね。そしてその見方に多くの人が共鳴するということになり、だんだんその作家を集めてみよう、などというふうになってくれば、それが公衆を形成するということにもつながってくるのです。

そういう意味では公立美術館にはポリシーがない。日本中、どこへ行っても同じタイプの欧米の真似をした美術館がある。公立美術館にポリシーや運営上の限界があるということであれば、私立美術館の存在がはるかに重要だということになる。

今日は、湯布院の美術館や博物館、画廊などを巡りました。湯布院という町は特殊な、山に囲まれた小さな町で、他からは隔絶されているけれども、多くの観光客が集まるようになってきている。この空想の森美術館のように「仮面」に特化した展示方針を打ち出していたり、佐藤渓という湯布院ゆかりの放浪画家の絵を集めた美術館、大分県出身の日本画家・高山辰夫さんの作品を集めた美術館などがあり、意義があり、魅力がある。一方で、かなり怪しい美術館も紛れ込んできているという現象がある。

《ユートピアとアートビジネスと》

実は、昨夜、食事の時にウィリアム・モリスの『ユートピア便り』という小説の話をしました。これは一九七〇年代に書かれた未来小説なのですが、主人公が、ある朝、目が覚めてみたら、見慣れた土地なのだけれど、周りの人たちがまったく変わってしまっていて知らない人ばかりだった、という話です。昨日までの労働者たち、つまり会社などでこき使われていた人たちが嬉々として労働を楽しんでいる。それで驚くわけです。そして主人公はイギリスの各地を旅行するのですが、民家などがとても工夫をこらした斬新なデザインで、服装なども個性的で女性たちも美しい。自分は草刈りが得意だといって遠くまで手伝いに行くという習慣などがある。各地を廻って主人公は驚くばかり。それは、企業中心の社会から民衆中心の社会へと、いわば無血革命が起こり、価値の転換が劇的に行われたからなのです。

一九七〇年に「未来」として設定され、書かれたこの「ユートピア」を想起させる物語は、一九四八年をその出発点あるいは歴史的な転換点と想定しているのですが、日本の一九四八年といえば、ちょうど敗戦の痛手から立ち直り、高度経済成長の時代へとさしかかろうとする時代です。モリスはこの日本の、モリスが生きた時代からいえば一五〇年後の状況を予測したわけではないのですが、いみじくも彼の一九四八年という設定は日本の「戦後」の出発点と一致している。日本という国は、ユートピアへ向かって歩き始めたのか、それとも商業主義の奴隷と化してゆくのか。

空想の森美術館主の高見さんの著作『霧の湯布院から』(海鳥社、一九九五)には、この湯布院の町には、手づくりの、自分のところにしかない、新しい価値、未知の価値を積極的に押し出そうとするミュージアムやギャラリーなどの取り組みに対して、「アートビジネス」と彼は書いていますが、そのような波が押し寄せてきているという。

つまり、大企業や全国的なチェーン店みたいな業者が湯布院に出店して、大量生産されたアートを売るという現象です。展覧会でも、公立美術館の年間企画の半分以上は巡回展であって、西洋から借りてきた美術品を幾つかの美術館で巡回する、一種の興行というか、そういう仕組みになっているのです。その結果、日本の多くの「受け手」は肩書きとか名声とか、定評が確立されたものしか理解できないというふうになってしまった。まったく、日本人の感性がこれほど低下した時代というものはないと言わざるを得ない。定評を確認するためだけ、展覧会に行く。人ごみの彼方から定評を確かめて安心する。それが日本の「鑑賞」の現実であり、「公衆」が育たなかったと私が言うのはこのことでもあるのです。「アートビジネス」はこれらの延長線上にある。湯布院で起きている現象はなんとか防ぐ努力をしなければならない。

少し語源の話をします。「文化」とは、英語でカルチャーといいます。アグリカルチャーと同じ語源ですから、まさに文化とは「土を耕す」と同義なのですね。土を耕すように、衣食住も含めて人間の生活様式に根ざして精神を耕していく、それが本来のカルチャーなのですね。

ところが漢和辞典をひいてみると、漢字の「文化」は「武力を用いないで言葉のあやで人民を支配すること」と書いてある。つまり言葉のあやというのは、昔風に言えば「言霊《ことだま》の力」、現代風に言えば「情報の操作によって民衆を支配し教化すること」いうふうになります。現代の日本社会は、西洋化が進み、生活様式に根ざすところの文化と支配強化の装置としての文化がせめぎ合っている。アートビジネスといわれるような大量生産、大衆伝達によってわれわれを商業主義の支配下に置いてゆくわけであって、それがなぜ困るかというと、このことは資本主義の本質に関わるテーマですけれども、真に創造的な価値ではなく、商品価値すなわち売れるものがいいのだ、ということになってしまう、そこが一番困るのです。芸術とは、売れるものがすなわちいいものというわけではないのであるが、現状では通俗で大衆に分かりやすいから売れるということが大方の価値の基準となってしまっているのです。

このような現象に対抗するためにも、こういう湯布院という地域に見られるような運動、人がなんと言おうが自分がこの価値の発見者だ、まだ芸術としての評価は確立していなくとも、これこそ、真の芸術の萌芽だ、というような、そういう価値観というものを人々に提供してゆく必要があるのです。

《旅と芸術》

観光の「受け手」の側から言いますと、この湯布院の町などは観光によって成り立っているのですから、「観光」という概念を変えなければいけないのです。たとえば西行や芭蕉など、昔の日本人が旅をしたのは、命がけのことでした。生死の危険が伴うような旅を何のためにするのかというと、芸術や宇宙の真理に触れる、あるいはその真理を体験する瞬間に出会う、そのためにこそ旅をするのです。朝《あした》に道を聞けば夕べに死すとも可なり、という言葉が『論語』にありますが、新しい道、あるいは本物の芸術の萌芽に出会えば死んでもいいという覚悟、古人はそういう命がけの旅をしたのですね。つまり、自分の安定した心境などが根底から壊されることを恐れない。そうでなければ、新しい価値に出会えない。観光とは、そういうものでなければならないのです。休日をのんびり過ごすために来て、そして公害をまき散らして帰るというような観光は、このへんで断ち切らなければならない。そういうふうに思います。

ですから、迎えるほうも、湯布院の私立美術館などに言えることですが、そういう人々に媚びる必要はない。門戸は開いておかなければならないが、芸術の真理が分かる人は分かるのだし、分からないという人はその能力に応じた分しか分からないのだ、というような見る側にある種の試練を与えるというか、そういうことが、実は日本の美術には欠けているのです。湯布院は、そういう意味において志を高く持ち続け、いわゆる俗化現象やアートビジネスの攻勢などに対抗しながら、「湯布院の町づくり」という稀有な運動が実り豊かに進展することを願ってやみません。】

11 湯布院アートの行方

針生氏の発言は、日本の戦後美術の流れから説き起こし、芸術における「公と私」の問題、また観光地・

湯布院における美術館のあり方から観光そのものの本質までを分析し、提言を盛り込んだ、湯布院のアートシーンの指針となるべきものであった。

当日、休憩を挟んで湯布院のメンバーたちと針生氏の間に交わされた問答を要約しておこう。

・湯布院の急激な変わり方に危惧を感じているけれども、この擂り鉢状の盆地の町特有の、飛び込んできたものはなんでも取り込んでしまうという特性によって、なんとかなるのではないかという期待とともに、煎じつめれば私的な美術館しか残らないのではないかという予感もある。

・湯布院のアートは混沌とした「カオス」の面白さだと思うが、最近、湯布院の町全体がギャラリー化するという形を整えてきたことによってその面白さが減少してきた。観客におもねる姿勢も目立ってきている。オーナー自身の美の規準が曖昧になってきているのではないか。

・湯布院はパブリック（公）ではなく人工の町であると規定すると、これまで何もなかった田舎町が観光産業の伸長によってアートという新しい文化を生んだ。それと正比例するかたちでアートビジネスなどの現象も発生させた。今後は、アメリカのかつては貧民街だったソーホー地区やイーストヴィレッジなどがアーティストによって再生された例のように、アーティストの持つ浄化力によって湯布院の町が浄化されるか、あるいはアーティストが逃げ出すか、興味深く見つめて生きたい。

・公立美術館の運営に携わっている者からすれば「じゃあ、公立はどうすればいいんだ」（笑）という感じだけれど、公立美術館の予算や行政との関係、企画の限界性などに比べると湯布院の「私」から出発した美術館などには公立にない魅力があり、ある意味で羨望のまなざしで見ている。日本の美術館が抱えている課題と方向性が浮き彫りになったと思う。

・近年、六〇年代、七〇年代のいわゆる前衛芸術運動が取り上げられる機会が多いが、過去の仕事の評価、行動に対する礼賛に終始し、作家・作品と批評がコミットしていないのはなぜか。
・作家の側からも、どういう方位に向かってメッセージを発信するかという戦略がない。七〇年代以降、日本が経済大国化してゆくに従って、芸術がメッセージ性を失ってしまったのだ。
・パフォーマンスに象徴される身体的表現行為に対して、手仕事的に制作してゆく作品の質と行為をどう分析しているのか。
・「行為」そのものも芸術表現の一つのジャンルである。現場は生き生きと行き続けているのだ。そのことが現代美術の閉塞性を打ち破ることにつながるのではないか。
・芸術あるいはアートにおける「ノージャンル」という捉え方などを見ると、芸術表現の枠は大きく広がり、過去の「芸術」という概念での把握では収まらなくなってきているということはたしかだ。自分の行為として表現する、その表現を自分から独立した作品として提出するという芸術表現は、生活と芸術の境目をなくする原点とも言える大切な役目である。
・つまり、七〇年代までの芸術と社会との関わり方の認識と、九〇年代の美術と社会性の問題はずいぶん変化し、また進化している。湯布院は、熱気を孕んだその現場であるとも言える。

＊

私は、二〇一七年夏の今、この原稿を書写しながら、当時のことを感慨深く思い出している。この針生氏を囲むアート論議が企画されたのは一九九八年秋のことだから、それから早くも二十年近い年月が過ぎているのだが、針生氏の発言やここで提起された諸問題は、今日、読み返しても新鮮であり、示唆に富んでいる。そして、その後の湯布院の町がたどった道筋を暗示してもいる。はからずも、私はこの後、空想の森美術館を閉館するという痛恨事を体験するのである。

私が、湯布院から宮崎へと移転した時、ある人が「高見さん、私たちは、貴方の行動そのものが空想の森美術館だと思っていますよ」と言ってくれた。私はその言葉に支えられてこれまで活動を続けて来られたような気もする。私の人生そのものが現代アート的だといわれるならば、それはそれで幸福なことである。

私は、現在（最終章で詳述するが）、二〇〇一年に閉館した「由布院空想の森美術館」を十七年ぶりに再開するという得がたい機会を得て準備を進めている。このことが何を意味するのか——。私は、これから湯布院で何をなせばいいのか——。

それは、次の一歩を踏み出し、歩きながら考えることにしよう。

12　湯平温泉を舞台とした「湯布院と山頭火展」

時雨館

谷の音が聞こえる。

室内には、文机と筆記用具が置かれている。

壁面には、

——うしろすがたのしぐれてゆくか
——どうしようもない私が歩いている
などという、山頭火の代表句を主題にした書や絵が掛けられている。

六畳一間の板敷きの部屋には、冬の陽射しが差し込んでいて、暖かい。それが湯布院町湯平温泉の一角に一九九七年に開館した「山頭火ミュージアム時雨館《しぐれかん》」である。

放浪の俳人であり自由律俳句の創始者の一人である種田山頭火《たねださんとうか》は、昭和五（一九三〇）年十一月十日から十二日へかけて、大分郡湯平温泉に滞在した。九州を巡る行乞行脚の旅の途上であった。漂泊の俳人といえば、今でこそ聞こえは良いが、当時は、コジキ坊主扱いであった。私も子供の頃、郷里の村で、

――ホイト、ホイト。

と叫びながら、行乞の僧に石を投げ付ける悪童の姿を見かけたものだ。

――ほいとうと　呼ばれる村の　しぐれかな

湯平にたどり着く前の日、隣村の庄内（現在の由布市庄内町）を歩きながら作った山頭火の句がこれであるから、当時の乞食僧の境涯というものは、いずれも似たようなものだったのであろう。

湯平で、山頭火は「大分屋」という木賃宿に泊まる。木賃宿というのは、文字通り、その晩の薪代を差し出して宿銭とするという仕組みの宿泊施設なのだが、山頭火の時代までは門付けでもらった米やバラ銭などを宿賃に代えるという習慣がまだ生きていたようだ。

投宿した山頭火は、湯平の温泉が気に入り、すっかりくつろぐ。旅芸人（日記には支那人と記述）の一行との交情などもあって、彼にとってはひとときの憩いの場であったのだろう。

さて、宿で本を読んでいた山頭火だが、折から、ざっ、としぐれが来る。この時、彼は汚れた旅の衣を洗濯し、河原の石の上に干していたのだった。慌てて川原へ走った山頭火は、近くの娘さんがすでに洗濯物を取り込み、綺麗に畳んでくれている場面に遭遇し、感激して

――しぐるるや　人の情けに　涙ぐむ

という秀句を残すのである。

この故事にちなみ、旅人を迎えるもてなしの心、湯布院の町づくりの理念と文人精神の接点などを探ろうという試みが「湯布院と山頭火展」である。第五回で区切りを付けた「アートフェスティバルゆふいん」は翌年から「伊豆高原アートフェスティバル」（次項に詳述）として引き継がれたが、私は、「地域美術展」という手法を、タ

イトルと舞台を変えながら別の地域に移出するという手法を選んだ。古代のシャーマン的に言えば神意、忍者的に言えば変遁、近代戦法的にはゲリラ戦。

伊豆高原をはじめとして遠くは越中八尾《やつお》「坂の町アートin八尾」（富山県八尾町。「風の盆」で知られる）、南阿蘇の「陽の長い一日の村美術館」（後に形を変えて「阿蘇・アート&クラフト」というアートイベントが立ち上がった）、長崎県島原半島「島原アートフェスティバル」（これも後述）、鹿児島県隼人町「南風《はや》の生活文化展」と「南風人館《はやとかん》」等々。この表現手法こそ、新しい形態のアート＝「地域型美術展」のスタイルを開く先駆的実践だという確信があったからである。

各地で呼応するように仲間たちが立ち上がり、集まってくれたことがその確信をゆるがないものにしていた。それは野性の「直感」に近いものだったが、子供の頃から山野を舞台にさまざまな遊びや闘争（たとえば下筌《しもうけ》ダム・蜂の巣城攻防戦）を見聞きし、体験し、工夫を重ねてきて、空想の森美術館という実験場と若い仲間たちを得て、多くの提案と実践を繰り返したことが、次なる展開の広がりを予感させたのである。

一九九四年から始まった「湯布院と山頭火展」は、古い温泉街の石畳を舞台に公開制作、インスタレーション、パフォーマンスなどが行われ、隣町の長湯温泉から山頭火の歩いた道を、句を作り、スケッチをしながら歩く「山頭火ウォーク」、旅館主たちが若手のアーティストたちを招待し、制作・発表を行う「アーティスト・ステイ・イン・ユノヒラ」などの企画が積み上げられた。そしてこの展覧会は、この後、作家たちが滞在・制作・発表の場として使用した空き家を改装し、「山頭火ミュージアム」として開館する方向にまで発展した。それが「時雨館」である。

この建物は、古い湯平温泉街の川向こうにある小さなコンクリートブロック造りの家で、長い間、放置されていた。一階が土間と倉庫、二階は六畳一間の畳の部屋があるだけの、往時、世捨て人のようなご隠居が住んでいたとか、妖しげな祈禱師が住んでいたなどという伝説が付随していた。この風変わりな建造物を、二人の若い現代美術作家が表現空間としたのだ。

一人は立川小枝子君。彼女は東京を発って、ふらりと湯平にやって来た。そしてこの建物に入り込み、有刺鉄線を駆使して、「人体」に見える構造物を創り始めた。それは奇妙な光景であった。ボロボロになった畳の上に、まるで透明人間のような人の形が現れ、骨格があらわになってゆく。そしてその人体はいつまで経っても上半身が完成せず、観客をやきもきさせるのだったが、作者はそれ以上に制作を進めるつもりはないのであった。

もう一人は大分市在住の小佐川あきつ君。彼女は、一階の倉庫を片付け始め、展覧会の期間中、その作業を続行した。他のことは何もしなかった。ただ片付けの途中、倉庫や木立の下などで、思索に耽る美しい彼女の横顔を見ることはできたけれども。

展覧会が終了し、私は再び元どおりとなった倉庫の中を見る機会があったが、そこには一冊の赤い手帳が置かれていた。私はそれを見て、「小佐川あきつの表現行為」は見る側が「読み解く」以外に理解の方法はないのだろう、と思ったのである。しかしながら、その「行為」は、湯平の若い旅館主たちにある種の影響を与え、そこを「山頭火にちなむミュージアムにする」という発想に結びついていったのだ。「時雨館」の構想は、一見、観客さえも拒絶したような二人の作家の表現によって、すでに始まっていたのであった。湯平の人たちは、不思議な二人の美女の行動を逐一観察していたに違いない。

隠家にて

「山頭火ミュージアム時雨館」の一室（といっても六畳一間しかないが）にじっと座っていると、心がしん、と澄んでくる。窓の下には急な斜面を流れ下る谷川があり、水音が絶え間なく聞こえているのだが、その音を聞くともなく聞きながら、散り残った楓の葉や、銀杏の樹肌、古い湯平温泉街の家並みなどを見ていると、静かな澄んだ気持ちになるのである。

山頭火ミュージアム時雨館

窓辺には文机があり、筆も墨も紙も揃っている。趣向を凝らした竹ペンなどもある。そっと筆を手にして、紙を広げると、そこにいるのは「旅人」あるいは「漂泊の文人」だ。日常から切り離され、精神世界に遊ぶもう一人の自分がそこにいて、句作とまではいかないまでも、心に浮かんだ言葉や山頭火の句などを書きとめようとしている……。

時雨館とはそのような場だ。

「隠家にて、山頭火」

これがその時以後、「湯布院と山頭火展」の背筋を貫くキャッチコピーとなった。「隠家」とは、インガと呼んでもいいし、カクレガとも読める。そのどちらでもよい。誰にも知られず、一人静かに過ごしながら、思索し、筆を取る空間。そのような小さなちいさな「ミュージアム」が世の中に一つぐらいあってもいいではないか。

以後、この展覧会と「時雨館」には、多くの作家が参加し、日常的には旅人が参加者となり、それぞれの成果を得ながら引き継がれ、二〇一六年までに二十四回目を重ねた。初期の頃、不可解な行動を繰り返し、温泉街をうろうろと歩き回り、湯に浸かり、何もせずに酒ばかり飲んでいたような作家のことを、

——あれが現代の山頭火だよ

と湯平の人たちは許容し、支持した。

例えばある年、町外れの畑の隅に、会期中、ずっと掘り続けられ、その空間を「独座」と名づけられた穴は、中に入ってみると横穴があり、その横穴にはほのかな灯りがつく仕掛けになっていて、本や小さな絵画作品が置いてあったりする。その哲学的空間は、まずは仲間が訪ね、そして湯平の人たちが、さらには次々と観客が訪れる人気作品に育っていった。美術館という立派な建物の「壁面」に掛けられた絵画作品だけが芸術品ではないの

だ、という現代美術的認識は、あっという間に共有されたのである。

時雨館は、これらの要素が複合的に作用し合って構築された、心憎いばかりの「場」であり、山頭火に最もふさわしいミュージアムなのである。

13　伊豆高原の風

駅に降り立つと、四辺に甘い香が漂っていることに気づく。というよりも、この伊豆半島一帯の空気そのものが、柑橘類の花から発せられる甘い香りに満ちているのだ。

「伊豆高原アートフェスティバル」は、その鑑賞法を「雑木林の中を散策することもアート鑑賞のプログラム」であるとし、「アートによる癒し」をこの美術展の基本テーマに据えた。海に向かって大きく突き出た半島を、地図を片手に歩くと、緑の木立の中に個人美術館やギャラリーが点在し、洒落たペンションの一角、別荘のテラスなどにも作品が飾られていて、豊かな気持ちになるのである。

一九八八年から九二年まで開催されていた「アートフェスティバルゆふいん」をモデルとして始められたこの美術展は、半島全域に点在する百会場が参加する国内最大規模の美術展として発展した。

当初、最終回（一九九二年）の「アートフェスティバルゆふいん」に参加して下さった谷川晃一・宮迫千鶴夫妻が、「この方法は伊豆に応用できる」という判断をして、翌年から伊豆高原に転移する形でこの地域美術展が展開されたのである。当時、湯布院も伊豆高原も観光地ビジネスの乱入に悩んでいた。相次ぐ大型開発計画やアートビジネスの参入など、観光地がたどる「俗化現象」を防ぐ手段が見つからなかったのである。

谷川・宮迫両氏はこの美術展を、大型の有料美術館の参加を排除し、公共の支援も断り、住民たちの「手づくり方式」の展覧会として組み上げたのである。これにより、各会場が自主企画で参加し、観客はそれぞれの好みに応じて五月の伊豆高原を巡り歩く、というこれまでにまったく見られなかった「展覧会のかたち」が構築されたのである。

私は、第一回の「伊豆高原アートフェスティバル」に湯布院の仲間たちと共に駆けつけ、それから、折にふれて伊豆高原を訪れている。

爽やかな風に吹かれながら、木立の中を歩くと、そこここにお洒落な展覧会場があって、訪れた鑑賞者と主催者であるその施設のオーナーや参加している作家たちなどが語り合っている風景に出会う。これこそ、最も素敵なアート鑑賞の散歩道である。

ある年、私はいつものように雑木林の中を歩いて、海を見下ろす高台に出た。そこから、海辺の集落へと下りて行き、潮風に吹かれながら、しばらく何もせずに海ばかりを見つめていた。すると美術展を見る時にはなぜかざわめいていた心が、静まり、穏やかな気持ちになってきた。引き返した道は山奥へと続いており、森に囲まれた小ぶりの集落や棚田のある場所に出た。土の道を雉《きじ》が歩いているのどかな村であった。そして、この村にも半島のそこここにも、蜜柑や甘夏などの花が今を盛りと咲き誇っていた。半島を包む香りの発生源はこれだったのだ。

その集落は、伊豆半島の中心部に位置する大室山《おおむろやま》という火山の麓にあり、そこを抜けると、道は再びもとの場所へと戻った。私は伊豆高原を半周してきたのだった。

高原の別荘地に戻って、小さなペンションやレストランで行われている素朴な企画に出会った。緑の木々に囲まれたレストランでは、調理場で料理の仕込みをしているらしい人の気配がするだけで、展示されている布や仮面などのフォークアートは、ひととき、旅人をアジアのバザール都市へと誘った。画家のアトリエでは、熱いお茶をご馳走になり、長い間話し込んだ。また、あるペンションはまったく無人で、鍵もかかっておらず、壁面を水彩画が飾っていた。回廊を巡り、二階のテラスに出ると、そこからは白銀色に光る海が見えた。私は一人でテラスの椅子に腰掛け、伊豆高原の午後の陽射しを浴び続けた。この日私は、この伊豆高原に住む人たちのライフスタイルと創作家や鑑賞者たちが出会うことによって生まれ始めた、新しい形態のアートシーンの現場を体感したのであった。

参考までに谷川晃一・宮迫千鶴両氏が掲げた「伊豆高原アートフェスティバル」の基本コンセプトを掲載しておこう。

・この催しは、自然環境を大切にして〝質の良い文化のあるまちにしよう〟という活動であり、誰もが文化の送り手になれる〝開かれたアートの祭典〟です。五月の新緑の頃、さまざまな展覧会が伊豆高原一帯で開催されます。

・「アートフェスティバル」という催しは、今全国各地で行われている現代美術の新しいウェーブを興すための運動か、あるいは作家たちが自分たちの発表の場を増やすために地域住民に呼びかけたものが多い。そうでなければ、商業的なイベントや観光客誘致のための宣伝活動である。だが、伊豆高原アートフェスティバルはそのどちらでもない。地元で暮らす人たちの自宅や別荘を主な会場とした手づくりの美術展で、目的は住民が自ら楽しむ文化活動であり、お互いの親睦を図るための催事というきわめてシンプルなものである。

・このフェスティバルでは、「芸術」や「美術」を、「作家」という特別の人だけが関わるものではなく、誰の中にでもあるアート感覚を表現する場として設定している。別の言い方をすれば、プロとアマチュアの垣根を取り払い、誰もが作家や展覧会の企画者、開催者になれる。つまり誰もが小さな文化の送り手になれる開かれたアートの祭典なのである。

二〇一七年五月、二十五回を重ねた「伊豆高原アートフェスティバル」の案内チラシが来た。一面いっぱいに参加企画と会場が記された地図が載せられており、もう片面には、伊豆の人たちのこの美術展に対する取り組みと、日々の暮らしの一齣、細やかな心情などが綴られたエッセイが載せられていた。その淡々とした案内状もまた、伊豆高原の風のように爽やかなものであった。

14　風の盆の町　「坂の町アートin八尾」

古い町並みに響く、哀調を帯びた胡弓の音や、遠い山並みから響いてくるような「風の盆」の盆歌、どこか聞こえてくる川瀬の音、通りがかりの屋台で食べた天然鮎の塩焼きの味などが、美しい映像のように甦ってくる。「越中風の盆」で知られる八尾の町を訪ねた日から、早くも二十五年の月日が流れて過ぎたのだ。

この時期、私は尾崎正教氏（一九二一－二〇〇一、美術運動家、「わたくし美術館」主宰）とともに全国を巡るアート行脚の旅を続けていた。

尾崎氏の提唱する「わたくし美術館」とは、「たとえ一坪でも、そこに心からなる展示空間と、心からなる作品が暖かい邂逅を得た時、真の美術館、つまり『わたくし美術館』がはじまるのだ……」という主張で、全国の個人美術館を訪ね歩き、鶏小屋を改装したギャラリー、空き店舗、個人ギャラリーなどをも「美術館」の概念でとらえるという美術運動であった。私は、由布院空想の森美術館の運営と併行して、「アートフェスティバルゆふいん」を企画・実行し、その過程で尾崎氏と出会い、意気投合したのである。

観光地として脚光を浴び始めた湯布院の町には、同時に山野の乱開発現象、贋作やコピーを展示した美術館の乱立などが目立ち始めていた。そのようなアートの商業化現象と一線を画したギャラリーや美術館群がそれぞれの独自企画で参加し、情報で連結し合うことで「町がミュージアムになる」という発想であった。

この企画は五年で終了したが、前項のように最終回に参加して下さった谷川晃一（「由布院空想の森美術館」で個展）、宮迫千鶴（「由布院駅アートホール」で個展）のお二人が、「この手法は伊豆高原に応用できる」と、引き継いで下さり、翌年からは「伊豆高原アートフェスティバル」として展開されることになった。伊豆高原もまた、同様の観光地アートビジネスによる種々の現象と大規模開発に直面していた。時は「バブル」と呼ばれた経済の沸騰期に突入しようとしていた。

「アートフェスティバルゆふいん」と「伊豆高原アートフェスティバル」に出会い、開始された「坂の町アートin八尾」もまた、同様の主旨にもとづき運営が続けられ、二十五年の歳月を刻んだのである。私は、その初回に、尾崎氏とともにライトバンに展示作品を積み込んで、八尾を訪ねた。迎えて下さった桂樹舎主宰・吉田桂介翁をはじめ、八尾の皆さんの笑顔も忘れがたい。

その後、「伊豆高原アートフェスティバル」は、伊豆高原全域で百会場が参加する全国最大規模の地域美術展として定着し、このような手法による地域美術展の流れを作った。「坂の町アートin八尾」もまた、八尾の町の活性化という初期の目的とともに、日本の美術史に記録される仕事の一翼を担ったと言えよう。

今、私は「日本の美術史」と書いたが、明治以降、とくに「戦後」の美術の動向を以下のように分類することができよう。

1　団体展・公募展
2　公立美術館が行う企画展
3　個人美術館・ギャラリーなどが行う自主企画
4　ヤン・フート氏、北川フラム氏などのアートキュレーターが企画する「現代美術展」
5　前述のアートフェスティバル型の地域美術展

これらの大きな文脈の中で、どれが息切れし、マンネリ化し、衰退・分解・解体の危機を孕んでいるかをあげるまでもなかろう。「アート」とは、その時々の時代の要望や時流を汲み取りながら、発展したり、変貌したりしながら展開されてゆく。そのような視点で見れば、「地域美術展」こそ、二十一世紀のアートシーンを牽引する運動体であることが分かる。

私は、現在、このような確信のもとに、九州中央山地に点在する「神楽」の伝承地で、古民家を改装したギャラリー&ミュージアムを開設しながら、「地域全体がミュージアム」と見立てる仕事を開始している。「限界集落」と呼ばれた過疎地こそ、最先端のアートと地域再生が出会う現場なのである。その活動の過程で、「坂の町アートinやつお」も見つめ続けてゆきたい。

同年代で同志的な仲間であった宮迫千鶴氏、アート行脚の途上で倒れた尾崎正教氏、百歳と二十回記念展にあと少し、という地点で帰らぬ人となった吉田桂介翁。いずれも、神域から私どもの活動を見守り続けて下さっているると思う。

15　島原半島へ　雲仙普賢岳の噴火災害と現代美術展

島原の夏

水無川《みずなしがわ》は、雲仙普賢岳の噴火災害（一九九〇—九五）から四年の歳月を経過してもなお、洪水の後の大河の流域に似た凄惨な様相を呈していた。大規模な土石流は普賢岳から噴出された溶岩や火山灰、土砂などを運び、流域一帯の家屋や田畑、橋や塔、樹木などを押し流し、埋め尽くして、文字通り廃墟の状態と化しているのだった。真夏の太陽が、石や砂や、屋根まで埋没した家屋などを激しく灼きつける一日、私は、その水無川に出かけ、絵を描いた。陽炎の向こうに普賢岳と島原の町並みが霞み、有明の海は銀色に光っていた。

私はその二年前に、この水無川流域を訪れている。同じく島原半島で「雲仙リス村」という動物公園を運営していた末吉耕造氏に招かれ、現地を歩いたのだ。そのことは『新編　火の神・山の神』（今秋刊行予定）に詳述するのでここでは記述を省略するが、災害とその土地に住む住民の心情、復興に関わる「国家」や「行政」の施策と実際の事業の進展などには、大きな乖離があることに心を痛めたものである。その後末吉氏は、復興事業に手を染め、一層の事業の悪化と心身の不調を招き、島原を離れざるを得ない状況に至ったと伝え聞いた。このような経緯を経て再び島原の地を踏んだのは、末吉氏が結んでくれた縁であったのもまた、皮肉な結果であった。

「95島原アートプロジェクト」とは、雲仙普賢岳の噴火災害に伴う警戒区域設定の影響を受け、倒産状態にあったホテル（島原グランドホテル、社長金崎福男氏）のビルを利用した現代美術展である。

当初、九州各地から集まったアーティストたちは、自分たちがどのように火山の噴火とそれにともなう被災、そこから復興へと向かう地域の問題などに関わればいいかということが分からず、手探りの状態であった。けれども、深夜に及ぶ討議を重ね「島原半島全域の復興」という巨大なテーマよりも、再生に向かおうとする個人の立場に立ち、その位置から美術家としての表現をすることによって、被災者や地域住民との連携が生まれ、「精神的復興」の第一歩を踏み出す支援になるのではないか、それこそが、アーティストが復興に関わるというテーマに最もふさわしい行為なのではないか、という共通認識が生まれた。

その時点から、若いアーティストたちはパワーあふれる制作活動を展開したのである。参加作家は次第に増えて八十人を数え、地元の支援者や子供たちのグループもこれに加わり、総勢二百人を超える人々がこの美術展に関わり、観客は四十日間の会期中に四千人に達した。

私は、金崎社長の依頼を受け、このプロジェクトを企画した当事者なのだが、美術展が始まると同時に、私も一人の参加作家として制作に没頭した。その第一作が水無川の写生で、その後、子供たちとの壁画の共同制作や室内でのインスタレーションなども行った。

私をそのような興奮状態と制作行動へと誘導したのは、二十代の作家たちであった。多くの作家が、展覧会の開始と同時に、なかば廃墟化したホテルの建物に住み着き、自炊生活をしながら構想を練った。そして、そのような行動自体が「表現である」とした。

そもそも、この六階建ての「島原グランドホテル」のビルは、普賢岳噴火後、指定された警戒区域内にあったため営業活動ができず、倒産状態に追い込まれたものである。その廃墟化したホテルのビル全体を使って、アーティストたちが各自の構想により表現行為を行うという企画がこの「'95島原アートプロジェクト」である。

金崎氏が、最初に由布院空想の森美術館を訪れてきて、その話をした時には、いずれビルは取り壊されてしまう運命にある、その前に、好きなように使ってほしい、そのことが契機となり、何らかの「復興」へ向けた手がかりが得られればありがたい、というものであった。

そこで私は、九州全域のアーティストたちに参加を呼びかけ、「アーティスト・ステイ・イン・ユノヒラ」形式の現代美術展の実施を提案したのである。そこから、この企画は動き出した。そして、初めて作家たちが建物に足を踏み入れた時、畳の部屋には火山灰が五センチほども積もり、寝具や浴衣は押入れに入ったままで、冷蔵庫の扉を開けると、当時のままのビール瓶が並んでいたりする光景が目の前にあった。

ここからの若者たちの動きはエネルギーに満ち、いずれも独創性に飛んだものだった。ある女性作家グループは、玄関脇のコンクリート壁に「生の」キスマークをつけるというインスタレーションを実行した。数人の女性たちが、赤い口紅を塗り、そのけなげで花びらのように美しい唇を無機質なコンクリート壁に当て始めたのである。たちまち壁面は、唇の形をした図形で埋まり始め、「復興にＫＩＳＳ」という展覧会を象徴するキャッチコピーが生まれた。

ある染織作家は、使用不能となった畳の縁を剝がして集め、大広間のステージに二百本の麻糸による経糸を張り、畳の縁を横糸、手を筬《おさ》にして織り込み始めたのである。一般の来場者も加わったタペストリーが少しずつ織り上げられていった。

彫刻家は、中に鏡がはめ込まれた箱型の作品を設置し、その中に入ると、「そこにいる＝被災地の現場を訪れた自分自身が存在する」という問いかけを行った。削岩機を持ち込んで、壁をぶち抜き、「棲み家」と称した美術家もいた。一室を4Bの鉛筆で塗りつぶした画家、あるいは島原半島を巡り、描いてきた作品を展示した画家、外壁に巨大な壁画を描いたグループ等々、多種・多彩な「芸術表現行為」が一斉に行われ、ビルは一挙に生きた現代美術館となったのである。

美術展の会場とは言っても、そこは廃墟化しつつあるビルであり、制作途上の作品の他に廃材や放置された自動販売機、土産物入れのガラスケース、空の金庫や冷蔵庫などがあり、どれがホテルの備品でどれが美術作品だか判断がつきかねる有様であった。だから、訪れてきた近所の子供たちが、所かまわず走り回り、展示中の作品にぶつかったり、踏みつけたりしても頭ごなしに怒鳴りつけるわけにもいかない。

そこで私は、計略を巡らし、鏡の部屋となっている彫刻作品の中へと子供たちを誘い込み、この箱の中には三十人ぐらいが入れるのだ、とデタラメを言って子供たちを驚かした。実際の箱の容積は四〜五人しか入れない箱なのだが、子供たちは真に受けて、鏡に映った姿を一人、二人と数えたり、総数を計算したりして、大騒ぎだ。次に、前日、四十人のアーティストが寄せ書きをした四メートル×二〇メートルの壁面の前に連れて行き、自由に落書きをさせる。そして、

「お前ら、下手じゃなあ……」

と嘆息してみせる。これも作戦である。

「下手でもできる壁塗りでもするか」

「やる！　やる！」

という手順で、彼らはにわか仕立ての壁塗り職人となる。塗りあがった黄色い壁は、織り上げられつつあるタペストリーの背景となる予定なのである。

次の日も、わるガキどもはやって来た。

「おじちゃん、今日は何をするのか？」

「壁に丸とか三角とか描く」

「一緒にやっていい？」

「よろしい」

「やったー！」

最後の仕上げは、三メートル×四メートルの風景画。

「いいか、次は少し難しいぞ。今からこの壁に眉山《まゆやま》を描く。昨日までは落書きをして、その次に壁塗りをして、さらに丸とか三角とかを描いた。今日は、対象物を描くのだ。対象物とは何か？　絵のモチーフつまり主題のことだ。分かるだろう。今、目の前に聳えている眉山の向こうには普賢岳がある。大きな屏風のような眉山は島原の町を守ってくれているが、普賢岳は噴火中で、次々に災害を発生させている。絵を描くということは、見えるものの向こうにある見えないものも描くということなのだ。分かるだろう」

「うん！」

「おー！」

かくして彼らは、一瞬の間に天才画家となる。そして筆を走らせながら、問わず語りに、自分の家も土石流で流され、避難生活をしているのだ、とか、学校はまだ仮設のままなのだ、などと身の上を話す。そしてぽつりと、

「このホテルも、美術館になって残るといいね……」

と呟くのである。いつの間にか、子供たちまでも、この「美術展」の意義や目的を体感し、理解していたのである。

こうして展覧会は進行していった。当初、黴や埃、堆積した鳩の糞などの匂いが充満していた建物に清々しい空気が通い、人の気配が漂い、制作に当たる作家は増え続け、作品は増殖した。

この美術展は、出発した後、その性格と形態を整えながら、方向性を獲得していったのである。

「森岳商店街アート」と「風の森ミュージアム」

多くの創作家が参加し、客が訪れ、地域の皆さんとの友情を育んだ四十日間の会期を盛大に終えた「'95島原アートプロジェクト」は、大きな収穫を得たが、一方で、私も、金崎社長も、参加してくれた美術家たちも、一点の悔いを残した。この夏の成功を下地にして、ホテルのビルをこのまま運営し、同時に客室のリフォームを作家ごとのコーディネートに任せて、全体を「生きた現代美術館&ホテル」として営業するという方針が打ち出され、以後金崎氏と銀行との折衝を待つことになったのだったが、銀行の対応は冷たく、負債は一気に整理され、土地は売却され、建物は取り壊された。一報を受けて「作品」の救出に現地へ駆けつけた私たちは、すでに重機によって建物は壊されてしまった跡地だけを目撃した。後に日本列島を震撼させた金融機関による「貸し剝がし」という社会現象のはしりともとれる対応であった。

しかしながら、この一夏、廃虚のビルに集まった作家たちの縁は、島原市内「森岳《もりたけ》商店街」の「まちなみ美術館計画」に引き継がれるという思わぬ展開をみせた。森岳という島原城下の商店街の若い店主たちが、作家たちを招待してくれたのは、「島原アートプロジェクト'95」終了翌年の一九九六年のことであった。

この日、作家たちの宿となったのは、古い商店街の中の一軒の空き家だった。すでに島原を離れていた金崎氏も駆けつけて、一年ぶりの再開を喜び合い、フォーラムという名の酒盛りは、夜更けまで続けられたのである。

翌朝、アーティストたちは、主催者から渡された使い捨てカメラを一台ずつ持ち、商店街を歩いた。半ばうつろな二日酔いの目でも、彼らは、町のそこここにある魅力的な「けしき」に向かってシャッターを切った。そして午後三時、事務局も兼ねていた「わかば写真館」にそれを持ち込んだ。すると、わかば写真館の若主人・松阪昌應《まさお》氏がそれをすかさずプリントし、パネルに仕立てて、町並みのはずれにある「宮崎酒店」の酒蔵に運び、展示した。一日にして「まちなみ展覧会」が実現し、作家たちがそれぞれ森岳の魅力について、あるいは自作について、発言したのである。

それが「島原アートフォーラム'96」の始まりであった。古い町並みそのものが資源であるという美術家たちの共通した認識は少なからず参加者に影響を与えた。この日から間を置かず、古い金物店「猪原《いのはら》商店」が改装し、ギャラリーを併設して美術館のような金物店へと変身したし、作家たちの宿泊所となった空き家も和楽器のギャラリーとなった。島原城下の森岳商店街は、こうして再生への一歩を踏み出したのである。

それから二年後の一九九八年のことである。同じく島原半島にある小動物公園「雲仙リス村」の社長・安倉多江子氏が訪ねて来られた。リス村もまた普賢岳の噴火災害の影響に苦しみ続けた施設で、リスや鹿などを中心とした小動物たちは噴火におびえ、異常出産が続いたり、園内には灰が厚く積もって植物が枯れたりして、客は減少し、経営危機の状態にあるというのだった。加えて、復興予算目当ての土木事業に手を出すなどした彼女の夫でもあった先代社長末吉耕造氏は、心身喪失状態で島原を離れざるを得ない状態となり、やむなく自分が社長を継いだのだが、この先、営業を続けてゆけるかどうか自信が持てないのだという。

末吉夫妻は、当初、私を島原半島へ招いてくれ、前記「島原グランドホテル」での企画、「森岳まちなみ美術館計画」などを後方から支援して下さった縁があった。私はそこで、

「リス村」という一万坪の森は島原半島の友人たちにとっても、動物たちにとっても、そこを愛している来場者にとっても大切な場所である。その森を「風の森ミュージアム」と名づけたらどうだろう。子供たちが集まり、作品を作ったり、施設そのものにペインティングしたりする。そしてそれらの作品が森の中に点在し始める。それが「風の森ミュージアム」の出発の日である」

というような内容の提案をした。

するると、彼女の目はたちまちきらきらと輝き始め、

島原アートプロジェクトにて

「それなら私にもできそう。私はもともと画家志望の女の子だったの」
と美しい笑顔を見せたのである。

それからの安倉氏の活動には目を見張るものがある。激しい雨がテントを濡らし、風に揺れる中で、子供たちが嬉々として走り回った第一回のペインティング・パフォーマンス。使い古しの傘にペインティングし、森に展示した「アートアンブレラ大作戦」。湯布院のさとうかつじ氏の指導による「ダンボールアート展」。森に鉄の人体彫刻を点在させた「森の人展」。次々に展開された企画は話題を集め、島原の保育園、幼稚園、小学校などの協賛も得られて、まさしく風の森は生きた野外ミュージアムとなった。

私も九州各地から駆けつけたアーティストとともに島原へと向かい、風の森のアートシーンの演出を手伝った。このことによって、「島原グランドホテル」での苦い体験は生かされ、森岳の友人たちの交流とともに、私にとって島原半島は、一層、思い入れ深い土地となったのである。

*

この後、二〇〇一年に「由布院空想の森美術館」は閉館、その数年後に「風の森ミュージアム」も銀行主導により整理されたという噂を聞いた。末吉氏、安倉氏お二人の以後の消息は知れない。

森岳商店街は、活気のある商店街として島原の人気スポットになり、現在も多くの人を集めている。私は二度ほど訪ねて、懐かしい仲間たちと旧交を温めた。

16 「わたくし美術館」と尾崎正教

たとえ三点でも五点でも優れた作品を収集していて、それが公開されていれば、それは「私＝わたくし」のための「わたくし美術館」である、という主張は、尾崎正教氏とそのグループによって提示された。一九六〇年代後半のことである。

当初、瑛九《えいきゅう》、池田満寿夫などの版画作品を頒布する「小コレクターの会」という絵画愛好グループがあって、コレクターとして知られた久保貞次郎氏や尾崎氏などが、瑛九や池田などの版画を仲間うちに販売し、無名の画家を支援する、というところからこの運動は出発した。まだこれらの画家が世に知られる前で、池田の版画がなんと一枚一五〇〇円という価格で販売されていた時代のことだ。

尾崎氏は、小学校の教員をしていたのだが、当時の美術教育の状況に対する疑問と、これらの画家たちとの交流の中から、良い美術教育とは良い絵を普及することにある、という信念を抱くに至り、その後、教職を辞し、版画を担いだ行商の旅（本人の言による）に出るのである。この頃、尾崎氏や美術評論家・針生一郎氏などの会話の中から、美術の「わたくし性」、個人コレクションの公開と私設美術館の呼称の問題などを包括した「わたくし」という概念が提起されたのである。

「わたくし」という視点から個人のコレクションを捉えるということ、公立美術館に対してわたくし性の強い美術館を「わたくし美術館」という概念で捉えるという視点、それらは、これまでに提示されたことのない、まったく新しい美術の概念であった。「わたくし美術館」の運動には、多くの画家が賛同し、尾崎氏に作品を提供するという関係が確立された。瑛九、北川民次、オノサトトシノブ、池田満寿夫、靉嘔《あいおう》、元永定正、草間彌生、谷川晃一などが名を連ねた。尾崎氏はこれらの作家の版画制作に関わり、大量に仕上がった作品を仕入れて、愛好家に販売する旅に出かけるのである。良い作品を安価に供給できること、これがわたくし美術館の基本理念の一つである。そのことによって、生きた美術教育を実現したいという尾崎氏の熱意に、多くの画家たちが共感したのである。こうして、「わたくし美術館」の運動は始まった。

「わたくし美術館運動」のもう一つの注目すべき特徴は、一九八〇年から始まった、『わたくし美術館』という分厚い書籍の出版活動である。そこには、知名度の高い個人美術館から地方の特色ある民俗博物館、倉庫を改造した倉庫美術館、個人の居間を公開したスペースや喫茶店の壁面、廃校を利用した美術館など、多種・多彩な「わたくし」の美術館が網羅され、それぞれが個性あふれる自己主張を展開しているのである。

この書物の刊行は第一巻から第四巻まで四冊に及び、掲載された美術館は三百館を超える。いずれも、尾崎氏が足を運び、館主やスタッフと会話を交わし、時には版画のオークションなども開催したりして、綿密な取材を重ねたものである。ここでは、それぞれの館主の美術館や美術そのものに賭けた人生が堂々と語られており、感動的である。そして、「美術館とはこんなにすばらしいものなのだ」という実感をわれわれに与えてくれるのである。

一方で、この程度のものまで美術あるいは美術館というジャンルに組み込むことはケシカランとか、美術を低俗なものまで引き下げたアートの垂れ流しにつながる、などという批判も避けがたいものであった。だが、それらの論は、『わたくし美術館・第1巻』の巻頭に載せられた、尾崎氏の「たとえ一坪でも、そこに心からなる展示空間と、心からなる作品が温かい邂逅を得た時、真の美術館、つまり『わたくし美術館』がはじまるのだ……」という言葉に一蹴されるであろう。「わたくし美術館」の理念は、西洋の絵画を輸入し、巨大な施設を建造してそれらの作品を収蔵・展示し、それこそが「立派な美術館である」とし、権威化されていった日本の公立美術館や戦後の美術教育に対する反語であり、美術館とはもっと自由で、おおらかで視線の低いところから始められていいのだ、という主張であった。

大量の版画を入れた荷物を持って、尾崎正教氏が「由布院空想の森美術館」へ続く坂道を登って来たのは、一九八八年初秋の、晴れた日のことであった。

その頃、空想の森美術館は開館三年目を迎えたばかりで、その年に空想の森美術館のスタッフが中心となって提案した「アートフェスティバルゆふいん」を終えて、ほっと一息ついているところだった。

前述したが、「アートフェスティバルゆふいん」とは、湯布院の町に点在する私設美術館やギャラリー、ペンションや喫茶店の一角などを結んで行われる「地域美術展」の提案であり「町＝地域そのものが美術館である」という主張であった。尾崎氏は、『わたくし美術館・第2巻』の取材のため九州を訪れ、その日は湯布院を通過する予定だったのだが、たまたまバスが停車した交差点の信号の横にあった「空想の森美術館」の看板が目につき、訪ねてみる気になったのだということであった。この時点で発行されていた『わたくし美術館・第1巻』には、すでに開館していた湯布院町内の「末田美術館」が掲載されていたので、尾崎氏の情報収集の速さと、湯布院に対する知識は並のものではなかったことが分かる。

のちに三十館を超えるといわれるようになる湯布院の美術館群の中で、この時期、開館していたのはこの末田美術館と私どもの空想の森美術館の二館だけだったのだが、尾崎氏のリストにはまだ空想の森美術館は入ってはいなかったのだった。この日、私たちはたちまち意気投合し、多くのことを話し合った。

その後、尾崎氏と湯布院の美術運動は密接に関係していくこととなる。第二回以降の「アートフェスティバルゆふいん」（一九八九－九二）では、尾崎氏のコレクションを借り受けるというかたちで主要な企画が組み立てられ、「わたくし美術館」という考え方が徐々に浸透していった。もちろん、この初期の段階から、湯布院の町に混入してきたさまざまなアートの混在現象による質の低下を危惧する声はあったが、地域全体で美術展を行う、という実験そのものが私たちを行動へと駆り立てたのである。この時期、尾崎氏の主張と湯布院の美術運動とはぴたりと一致し、さらなる運動を生み出していったのである。

＊

その後、私は尾崎氏とともに全国をアート行脚した。その活動の中から生まれた企画、消えていった企画、現在も続いている企画など、多数あり、思い出は尽きない。尾崎氏は、二〇〇二年、秋田のある半島の旅館でお亡くなりになった。やはり絵を担いだ旅の途上であった。

そして、二〇一八年の現在、各地で展開されている「地域アート」の盛況は、「わたくし美術館運動」をその初発として間違いないだろう。私はその一時期、行動をともにし、また活動を継続していることを少しだけ誇りに思う。尾崎氏の蒔いた種は正しく引き継がれ、芽吹き、花開く時期が来ているように思えるのである。

17　さらば空想の森美術館

以前、「千通の手紙」という小文を書いた。最初、「西日本新聞」の連載コラムに発表し、その後『空想の森の旅人』（鉱脈社、二〇〇五年）に収録されたものを加筆・転載する。

千通の手紙

机の上に、いつも住所録を置いてある。

さほど筆まめではない私だが、毎年、年賀状や季節の挨拶をやりとりする相手、二十代前半までを過ごした郷里の友人、湯布院の町で小さな古民藝の店を開店していたころの常連客、個展や企画展の案内状を差し上げる相手などの住所は、大切に保存しているのである。

二十二歳の時、郷里の画廊で油絵の個展をした私に、予言者あるいは町角の占い師のような風貌で、苦みばしった珈琲を淹れていた画廊のオーナーが、絵の仲間や私の作品を観に来てくれる友人たちを観察した後、厳かに告げた。

——君は絵描きになるには不器用だし、金に縁のある男にもみえないが、友には恵まれている。大切にすることだ。

はじめての個展では絵が二枚売れただけだったが、私はその一言がとても大切なものに思えて、以来、ずっと友人に対する通信だけは欠かさぬようにしてきた。

その習慣がおろそかになっていた時期がある。「由布院空想の森美術館」を開館し、多くの来館者を迎えるようになってからのことだ。けれども、美術館の運営が行き詰まり、閉館に追い込まれようとした時期、「空想の森を湯布院に残そう」という運動が起こり、たちまち集まった千人に及ぶ支援者の名簿には、懐かしい友人たちや空想の森で出会った人々の名が連ねられていた。それが、どんなに嬉しかったか。湯布院から宮崎へと移転した後、私は住所録を見つめ、しばしば物思いにふけった。

——あの人もいる。ああ、彼も応援してくれていたのだ。この人とは、十年以上も会ってはいなかったのに……。

机の上の住所録は、私の宝物となった。

千通の手紙を出し続けることは、かなりの根気と、覚悟のいる事業である。ささやかな収支に含まれる切手代の比重も軽くはない。それでも、折りにふれ、少しずつ、発信することを心がけている。（略）

宛名は、パソコン印字はせず、すべてペンで書く。

インクの色が紙に滲んでゆく、ほんの少しの時間、私は、一人一人と再会を果たしている。

当時は、由布院空想の森美術館（一九八六―二〇〇一）を閉館し、宮崎へ移り住んで間もない頃だったので、新聞の連載は、宮崎での日常を綴りながら、湯布院でのあれこれを振り返る構成にした。それにより、お世話になったまま挨拶も交わさずに別れてきてしまった多くの方々に近況を報告し、無礼を詫びることができたように思ったのである。

とくに、空想の森美術館の閉館間際には、「空想の森を湯布院に残そう」という有志の呼びかけに、たちまち千人を超える支援者が名乗りをあげて下さった。私はその千人の方々に、一通一通、心を込めてお礼の手紙を書きたいと思ったのだが、それから十年以上が過ぎても、まだ果たさずにいる。

それで、その後に普及したインターネットのブログやフェィスブックというシステムで、遅まきながら通信を開始した。インターネットなら、世界のどこにいても瞬時に通信できるし、相手からの返信も、その後の交流も期待できる、と思ったのである。

名簿に記録された人のすべてがインターネットを利用してはいないだろうし、住所が変わった方、すでに他界された方もおられる。すべての方と通信するということは実質不可能なので、千通の手紙は、残りの人生の宿題としておくこととする。

＊

「千通の手紙」に込められた思いはさまざまだが、当時も今も、空想の森美術館の最終局面のことを語ろうとすると、突然、失語症のように言葉を失い、記録を掘り起こすにも筆が進まない。

それで、以上のような心情吐露となるわけである。だが、これまで語られる機会のなかった空想の森美術館の開館から閉館に至る「経営的数値」と閉館に関連する動機について記しておくこととする。なんとなれば、私は、当時も空想の森美術館の仕事は終わった、とは考えておらず、現在も「再開」に向けた準備を進めている。そのためにも数値を点検しておくことは無益ではないと思うのである。

・当初、コレクターT氏が一億円の資金提供を申し出てくれた。そのうちの五千万円を土地の取得、建設などのハード予算とする。五千万円を銀行預金とし、それを担保として同額の借り入れを起こし、運転資金、展示品・コレクションなどの仕入れ資金などに充てる、という計画で出発した。

・ところが、会社設立、契約書の締結、土地取得、建設契約など、すべての準備が整い、建設工事が始まった一週間後にT氏が死去。持病の喘息の発作により、自身の経営する薬店に倒れていて、発見された時にはすでに絶命していたという。これにより、当初の準備資金と展示すべきコレクションがすべて消えた。

・建設工事は進行中だったので、私・高見乾司をこの時点で代表者に繰り上げしてもらい、銀行融資五千万円を取り付けた。当初予定されていた資金とコレクションは遺族がすべて回収。

・実質、マイナス五千万円からの出発となったわけだが、湯布院の仲間たちの応援もあり、初年度（五―十二月）の入館者が一万六〇〇〇人を数え、二年度（一年間）からは四万人、五万人、六万人と一万人ずつ増えていき、一気に湯布院を代表する人気施設となったのである。

・二年目に、五千万円を借り入れ、土地代と建築費の残額を支払うことができた。展示品はゼロに近い状態だったから、収集を拡大してゆく必要があった。なかでも一括購入し、展示品の中核とした「九州の民俗仮面」の決済が迫られていた。それから徐々に借り入れが拡大した。営業実績は上がっていたが、担保力も保証人もなかった企業にとって「バブル」という好機が巡ってきたのである。当初、一坪五万円で購入した土地を三十万円に担保価値を引き上げ、五千万円で建築した建物を一億五〇〇〇万円に見積もって、銀行は融資をしてくれたのである。現在、このような融資の実態が明らかになれば、不正融資で逮捕者が出るところだが、時はバブル経済の沸騰期であった。開発が進む隣接地も買い入れた。借り入れ総額は小口を含めて三億円に達した。

・空想の森美術館開館十周年を終え、入館者は年間八万人以上を記録していたが、その勢いにやや陰りが見え始めた。この頃私は、十年間やり遂げたので一定の責任は果たせたかな、という安堵感と、収支の体系を見直さなければ、経営的に行き詰まる恐れがあるな、という見通しとが同居する日々を迎えていた。そこで、銀行に再三にわたり、融資全体を一括にまとめ、金利を〇・〇〇二%引き下げてもらうよう交渉した。が、銀行は一切応じてくれなかった。そこで私は、「活路」を見出す心づもりもあって各地を巡る旅に出たのである。戦国武将が、危うくなり始めた自城と家臣の行く末を案じ、脱出先を探しておくという心境も含まれていた。

・この後、阪神淡路大震災、オウム真理教事件、九州北部の杉山が大規模になぎ倒された台風19号、外米まで輸入して食べた九州北部の旱魃等々、天災・人災が相次いで起こり、「バブル経済崩壊」という荒波が来た。

・空想の森美術館の経営は、これに耐え切れなかったのである。開館十五年目のことである。この時点でも入館者四万人は記録していたから、十周年の時点での経営改善策を採用してもらえば、収支の辻褄は合うのである。この数値は、当時担当した銀行の次長と支援してくれていた他の銀行の支店長を経歴に持つ人が提出してくれた経営改善策とほぼ一致していたので、私の見通しも計算も誤りではなかったということは証明できる。

・だが、この時点で、ＩＴ企業が土地・建物の買収を申し出ていた。銀行主導の「清算」はこれを軸に進められていった。

・同時期、前述の「空想の森美術館を湯布院に残そう」という有志の呼びかけが始まり、二十日間で千人の応募者が集まった。つまり二十日間で一千万円の基金提供者が集まったのである。市民が文化活動・文化施設を支援する現在の「クラウドファンディング」の原型とも言える動きであった。これに対し、ＩＴ企業による買収額は二億円。銀行はこちらを採用した。

・ところが、この直後に、当該のＩＴ企業は倒産。保証人がこれを肩代わりする事態となった。

・諸々の経緯を経て私は一億円近い負債を背負って湯布院を去る。ただし、「九州の民俗仮面」と主なコレクションは私が持ち、その運営によって残債を支払ってゆくという約束が成立。

・その後、私は宮崎での活動を開始し、東京駒場の「日本民藝館」での「九州の民俗仮面展」、九州国立博物館の「九州民俗仮面」九十点の買い上げ収蔵などの実績を積み、保証人に対する責任の一端は果たした。

＊

宮崎での活動は次章で詳述。湯布院を去る時、私は俯くことはなく、むしろ肩を聳《そび》やかして、車に乗り込んだ。トラック四台とライトバン二台、乗用車一台の車群には、仮面三百点、古裂コレクション、古美術・古民芸、関連書籍、展示器材などがぎっしりと詰め込まれた。これらは皆、今後をともに戦い抜く資源であり、同志といえる収蔵品の数々であった。「もの」にも「いのち」があるとすれば、私は、これらの愛着かぎりない「ものたち」とともに湯布院を後にしたのである。

これらの活動が、「由布院空想の森美術館の再開」へと繋がった。そして、今、巡ってきた天意とも言うべき機会を、私はありがたく受け止め、次なる「空想の森」への一歩を踏み出そうとしているのである。

第五章　森へ行く道

一　湯布院から宮崎へ

1　森の空想ミュージアムの出発

三百点の「九州の民俗仮面」と絵画、古美術、民芸、クラフト、書籍類などのコレクションをトラック四台と乗用車三台に積み込み、遙かなアジアの道を行くキャラバン隊のような様相を呈した一行が辿り着いた所――宮崎県西都市穂北・茶臼原《ちゃうすばる》台地――は、東に太平洋・黒潮の潮音を聞き、西に九州脊梁山地の山々を望み、南に西都原《さいとばる》古墳群、北に高千穂地方を控えた「神々の国」であり、里ごとに神楽を伝える仮面たちの原郷であった。

移り住んだ家の中庭には、直径二メートル、高さ三〇メートルほどもある楠の大樹があって、それと高さを競うように、杉、榎、櫟、栴檀《せんだん》、桜などの樹木が枝を広げながら、建物の周囲を取り巻いている。そして、その木立のどこかに鳩が巣をかけていて、のどかな鳴き声を響かせている。時折、木立をかすめて飛ぶ大きな鳥の姿も見える。その鳥は、米良《めら》の山脈から舞い下りてくる鷹である。

「森の空想工房」と名づけたその建物は、かつて「石井記念友愛社」の子供たちが生活した園舎で、友愛社の新館が完成した一九九七年頃からおよそ四年の間、空き家となっていた。屋根に楠の落ち葉が分厚く積もり、なかば廃墟化しつつあったこの施設を私どもが借り受け、旧・由布院空想の森美術館の所蔵品を展示する場として利用を開始したのは、二〇〇一年五月のことだ。

以後、周辺の山野に自生する楮を採集し、糸を採り、布に仕上げる「楮布《こうぞふ》を織る」をはじめとする染織ワークショップ、「竹と石の造形」、「石積みアート」、「流木アート」、「忍者サッカー」等々のアート・ワークショップを行い、染織工房とアトリエを兼ねた創作の場、地域の皆さんとの交流の場とした。「石積み」は、近辺の道路工事などの際に出る捨て石を積み上げて建物の補強を兼ねたデザインを施し、建築物としての再生を図るものである。

工房の裏手を東西に走る古道がある。

高い木立と濃い枝葉に囲まれたこの道を、「緑の空想散歩道」と呼ぶこととした。枝を払い、ワークショップで制作されたオブジェなどを点在させると、そこは快適な展示空間となったのである。この道を二〇〇メートルほど西へ歩くと、「祈りの丘空想ギャラリー」に着く。かつて教会として使われていたこの建物が空き家となり、二十年近く倉庫として使われていたスペースを、近隣のアーティストたちとの共同作業によって片付け、修復し、絵画展を中心とした企画展を行うギャラリーとして開館したのである。この三つの空間を総合して「森の空想ミュージアム」と位置付けた。周辺の森をも含めたこのフィールド全域が、私の新たな活動拠点となったのである。

祈りの丘空想ギャラリー

2　石井十次と「石井記念友愛社」の夢

社会福祉法人「石井記念友愛社」は、石井十次《じゅうじ》（一八六五―一九一四）が開いたわが国で初めての孤児救済事業を引き継ぐ本格的な福祉施設である。

石井十次は、医師の道を志して故郷高鍋町を出て、現在の岡山市で勉学に励むが、ある村で診療所の代診をしている時、貧しい巡礼の母親から子供を預かったことを動機として、明治二十（一八八七）年、孤児救済事業を開始する。最盛期には一二〇〇人の孤児を収容したという岡山孤児院。故郷高鍋の町に近い茶臼原の台地へと移転を開始したのは、明治二十七年のことだ。十次はこの地で、農業と教育、そして芸術活動が融合する福祉の理想郷づくりの夢を描いた。

私たち——私の家族と一匹の犬——がこの友愛社の森へ来た頃は、楠の大樹が大量の落ち葉を降らせていた。楠や樫、椎、栴などの照葉樹は、春から初夏へかけて落葉する。その後、若芽が芽吹いて、輝くばかりの青葉を繁らせるのである。落葉する直前、古い葉は、つかの間、黄葉する。そして、太陽の光を浴びながら、はらはらと散り続けるのである。

私たちは、その落ち葉を拾い集めて段ボールの箱に入れ、保存した。夏には涼しい木蔭の下で竹や石、流木などを集めて絵を描いたり、苧麻《ちょま》や葛《くず》などを採集して麻糸を紡いだり、葛布を織ったりした。この活動は、後に友愛社直属の障害者通所施設「茶臼原自然芸術館」へと引き継がれる。

秋には、大風で落ちた枯れ枝を集め、焚き火をした。火の周りにはいつも人が集まり、歓声と笑い声が響いた。秋が深まり、朝晩の冷え込みが厳しくなると、食堂の薪ストーブに、保存しておいた落ち葉や枯れ枝をくべ、火を焚いた。とろとろと燃える火が、室内を暖めた。淡々と繰り返される日常が、空想の森美術館閉館から宮崎移転へと続いた激変に傷つき、疲れた心身を癒してくれた。

私たちが暮らし始めたこの建物は、友愛社・先代理事長の児島䖝一郎《こういちろう》(石井十次の孫、一九一四—九二)が建てたものである。䖝一郎氏こそ、戦後、友愛社の仕事を復興させた偉人である。氏は、古美術を愛し、民藝運動に共感し、大きな木の近くに家を建てることを好んだ趣味人でもあった。この家は、戦後の荒廃した子供たちの心と生活を立て直す場であり、友愛社再生の拠点でもあったのだ。

四十九歳という早過ぎる死、第二次世界大戦などによって中断された石井十次の夢は、昭和二十(一九四五)年、高鍋で終戦を迎えた䖝一郎によって「石井記念友愛社」として再興され、その後多くの人の努力によって、現在は社会福祉法人「石井記念友愛社」として運営されている。十次の曾孫にあたる現・理事長の児島草次郎《そうじろう》氏は、その理念を最もよく受け継ぐ人である。施設群を整備し、十次の構想の実現に向かって活動を開始した草次郎氏と、湯布院を去ることとなった私とは、ここで出会ったのである。

この頃、友愛社の森では、この地を創作活動の場とした作家たちの生活がすでに始まっていた。石井十次の精神が、まるで地下水脈のように流れ続けていて、今、こうしてさまざまなかたちで湧出し、出会い、交差し、接近を始めたのだ。一見、領域を異にするかに見える「福祉」と「芸術」とが、豊かな自然環境に抱かれて「創る」、「学ぶ」、「癒す」などという価値観を共有し、ゆるやかに合流しながら、二十一世紀型の地域づくりとミュージアム活動の融合を模索する。それが「森の空想ミュージアム」の出発点である。

その現場に立ち、次なる活動を開始できたことが、私にとっての幸運であった。

3 焚き火の煙

窓の下を子供たちが通る。

友愛社の小学生たちが近くの茶臼原小学校へ通う時間である。

「おはよう」

「おはようございまーす」

と挨拶を交わして、急ぎ足に通り過ぎて行く。帰りは、午後三時から五時頃になることが多いが、登校時と違って、二人、三人とばらばらに帰って来る。そして、繋がれている犬に話しかけたり、草花を摘んだり、歌を歌ったりしながらのんびりと帰って行く。

私の薪割りを手伝ってくれたりすることもある。

子供たちが手をかざす焚き火の煙が、森へ漂い出て、さらに高い空へと立ち昇ってゆく。

「石井記念友愛社」は、両親に恵まれない子供たちが共同生活をしながら、保育園、小学校、中学校、高校と通い、卒業したら社会へと出て行く。施設全体が大きな家庭のようなものだ。

「日本の福祉事業の先駆者」と呼ばれる石井十次が始めた初期の友愛社の主たる事業は、災害や戦争などで両親を失った「孤児」の「救済」だったが、現代における家族の形態は多様で、両親がいても、いわゆる「救済が必要な状況」になる子も多いという。非行を重ねたり、いじめに遇ったり、親が育児放棄したりして、行き場を失って送り込まれてくる例もあるという。さまざまな問題を抱えた子供たちが、共同生活をするうち、厳しい作業や規律になじみ、明るく素直な少年・少女へと矯正されてゆく。もともと素直な子が多いところへ心の傷を負った子が入り込むため、すぐにやさしい心を取り戻すのだという。

当初、自給自足を目指した友愛社は、広大な敷地を持っている。森に囲まれた敷地内には田んぼや茶畑が広がり、子供たちが暮らす本館「天心館」や石井十次資料館、保育園などの施設が点在する。学校から帰った子供たちは、農作業や敷地内の清掃、花の手入れや牛の世話などをする。その厳しい日課が、彼ら、彼女たちを鍛え、まっすぐな心を育むのだ。

湯布院を出て、この地へ辿り着いた私もまた、森へ入り、木を伐り、草を払い、森の小径を創る作業に没頭した。その仕事が、私に気力を回復させ、次の目標に向かうエネルギーを生み出してくれた。この地は、傷ついた者たちの癒しと再生の場でもあるのだ。

こうして私は、この地での一歩を踏み出した。

この一連の行為を、友愛社の現在の理事長である児島草次郎氏は、優しい眼で見守り、同意して下さった。草次郎さんは、湯布院を去ることとなり、行き先を求めて九州を巡る旅を続けている私に、

「どうぞ、ここへおいで下さい。私たちは貴方たちのような芸術家＝アーティストをお待ちしていたのです」と言って下さった。それにより、石井十次以来の、福祉と芸術の出会いによる理想郷づくりの構想が実現に向かうだろう、ともおっしゃった。

温かい言葉であった。

その言葉に応える仕事が、ここから始まればいい、と私は願った。

4　「児島虓一郎・詩〈おもい〉展」より

二〇一四年一月三十日。

まだ硬い蕾が雨に濡れている初春の一日、古い教会を改装した「祈りの丘空想ギャラリー」で「児島虓一郎・詩〈おもい〉展」が開幕した。

この日から数えて百年前の一月三十日は、日本の児童福祉の先駆者・石井十次が亡くなった日であり、同時に、その孫・児島虓一郎が生まれた日であった。

この時期、「石井十次生誕百年」を記念して、石井記念友愛社主催で様々な事業が実行された。

その関連企画として、虓一郎の遺徳を慕う有志が、詩人・虓一郎の詩作品と関連資料を提供して下さり、この企画が実現したのである。

石井十次と石井記念友愛社には膨大なデータと資料があり、それを手短かに語ることは困難なのだが、ここでは「日本の近代美術史」と重ねながら、簡略に説明しておこう。
・宮崎県高鍋町出身の石井十次は、岡山で孤児救済事業を開始、倉敷紡績社長・大原孫三郎の支援を得て大きく進展する。

・大原、石井の支援により画家・児島虎次郎が渡仏、印象派の画家たちと出会った児島は大原にその作品群の購入を進言、大原がそれに応じたことにより後の「大原美術館」の中核コレクションが成立する。
・岡山孤児院の事業を故郷高鍋に近い茶臼原台地に移転。
・十次の長女友子と児島虎次郎が結婚。以後、児島家が十次の事業を引き継ぐ。
・十次逝去の日、孫・虓一郎誕生
・虓一郎・戦地から帰還し、石井記念友愛社の事業を開始。
以上の歴史を念頭に、同展に出展された児島虓一郎の「詩」をみてゆこう。

寒駅

鐘鳴らし
鐘鳴らしつつ
列車いま
残雪深き
寒駅を出づる

白樺いまだ芽吹かず
雪消えぬ
大興安の
渓谷の

寒駅

落葉松の
枯れしがままに
風ゆるる
興安嶺の
雪の夕暮

この詩は、戦時下の虓一郎の消息や心情を推察することのできる数少ない資料である。児島虓一郎は東京大学文学部東洋史科を卒業後、兵役に就き中国大陸東北部に出征。この詩は、その折のものと思われる。青年・虓一郎は、憂愁の思いを胸に興安嶺を越えたのである。

少し横道にそれるが、児島虓一郎―児島虎次郎―大原美術館の関連を日本の近代美術史と重ねてみておこう。画家・児島虎次郎が、ヨーロッパ留学中に収集し、後に大原美術館の中核展示品となった十九世紀ヨーロッパ画壇の作品群が、近代日本の美術のテキストとなり、その後、文部省の美術教育や公立美術館設立の規準となったのである。これは、同時代の、当時としてはまったく無名の「印象派」の画家たちの作品に鋭く感応した児島虎次郎の鑑賞眼と、それを無条件に支持した大原孫三郎のパトロンとしての高い見識を示すものとして欠かせない認識である。

画家としての児島虎次郎は、友愛社に収蔵されている晩年の作品を見ると、印象派の巨匠セザンヌの域に達していることが分かる。そのままヨーロッパに滞在していれば、児島虎次郎は印象派の画家の一人として世界の美術史に名を連ねた可能性があるが、虎次郎は帰国し、惜しくも早世した。

近代から現代に至る日本の公立美術館と文部省の美術教育はヨーロッパ美術の輸入と模倣に全力を傾注し、大原美術館をそのモデルとした。児島虎次郎は日本美術に決定的な影響を与えた美術家の一人である。

その後百年以上をかけて日本の美術教育はヨーロッパ美術を模倣し、公立美術館もそれに倣った。これは弊害であり、世界の美術史上類例を見ない愚行である。戦後の美術教育を受けて育った私は（当時の美術の教師には尊敬する方々がいたが）、その影響から抜け出すのに人生の半分以上の時間を要したし、一般的には、印象派の絵画を至高のものとする風潮が今も残る。デパートや公立美術館で開催される「印象派の絵画展」が多くの入場者を集め続けていることがそれを示している。

児島虎次郎の長男である虓一郎は、戦後、石井記念友愛社を復興し、その過程で、多くの施設群を建設して活動の拠点としたが、その設計は、窓枠や机、食堂の間取りなど、隅々にまで気配りがみられる。そして民俗仮面や南九州の古陶を愛する収集家でもあった。それは、「民藝」の美学を骨格とする「日本美」の探求の歩みでもあった。

さこん太郎

九州は日向の山村にさこん太郎と呼ぶ
原始搗杵式水力利用脱穀精米機あり
太古よりこれを用うと
けだし　迫の太郎の意か

けわしい米良のたにひだには
毎朝霧のはれるたび
めざめるような山紅葉

さこん太郎の搗くごとに
だんだん田圃の稲うれる

身寄りもなしのひとり者
さこん太郎と誰言うた
鴉か百舌鳥かひよどりか

さこん太郎のひとりごと
向いの柿の実又落ちた

木場大根のぬれるほど
夕方すぎたむら時雨
木馬の一軒家に灯がともる

さこん太郎のにせ仕え
かけ樋の水のさぞいたかろう

あしたは初の大霜か
さこん太郎は夜もすがら
籾七升の請け仕事

次郎、三郎もうねたか
裏戸の風も夜もすがら
利鎌のような尾根の月

＊木場《こば》大根《だいこん》：山を焼き拓いて作る畑で取れる大根。焼畑大根ともいう。／木馬《きうま》：木材や炭を搬出するために用いる木橇。／にせ仕え：下男奉公のこと。／かけ樋《ひ》（＝筧）：山から湧き出る沢水を引く竹製の樋。

米良の山脈が、雪にかすんでいる。

日本列島に記録的な大雪を降らせた寒波は、九州脊梁山地の山々にも久しぶりの大雪を降らせたのだ。「児島虓一郎・詩〈おもい〉展」が開催されている古い教会を改装したギャラリーの裏手から、米良の山脈を望むことができる。戦地から帰還し、高鍋の浜に上陸した児島虓一郎は、「石井記念友愛社」を興し、中断していた石井十次の仕事を再開する。その苦難の日々を米良の山並みを望む風景が慰めたことであろう。

子供たちと共に共同生活をしながら、茶臼原台地を開拓する仕事は困難を極めたであろうが、詩人は、優しい目で遠くの山脈とそこで営まれる生活を見つめている。

鳩

しょぼ降る雨にもとんでいる十六羽
巣からころがり落ちていた焦茶色の一羽も
いつのまにか交じっている

子供等と共に一町五反
植え終わった田圃の中
下手な地拵えの証拠の丘に
毎朝皆降りたって
私に対する批判なのか
それともノアの洪水に虫類の蝟集騒擾か

とべとべ鳩よ
十年近いブランクの後
再びすみついた鳩たち
(子供のこしらえた巣箱は小さすぎてまことにお気の毒)
お前たちのねぐらはお寺の塔に似ているが
住んでいる私は光陰空しく依然として修羅の道

とべとべ
はねをそろえ
スペインの舞扇にも似た尾翼をひろげ
山をめぐり　野を低く

お前達の帰ったことは
ただの偶然とは思えないよ

ああ初心も年季も入り交り
一本植え　一束植え　とび植え　深植え
兎に角やっと田植えが終わり
毎朝の水見廻りに
私は空を仰いで心の手を振る

一日の幸いのような
お前たち飛翔群に

現在も友愛社の子供たちは、毎年、田植えから収穫までの作業をする。それを友愛社では「労作」と呼ぶ。石井十次の開拓時代から続けられてきた大切な仕事である。戦地から帰還した児島虓一郎が再開した友愛社の仕事も、この「農」によって支えられた。鳩に託した万感の「おもい」。

夜巡り

深夜くろぐろとしづもる一と構えの棟の上に
子供たち一つ一つの魂がけむりのように駆け出し
蚊柱かぶよの塊みたいに群がり
てんでに四方八方に向かって叫びなく

とうちゃんの馬鹿野郎　かあちゃんの碌でなし
何でわたしひとりが苦しむの
お母ちゃんの乳をかえせ
本当のお父さんをもどせ
私からもぎとった一番大事なものを返せ
何にもかものめちゃ野郎

かあちゃん　とうちゃん
うおん　うおん

舌のまわらぬ幼い声　変声期のおらび

女の子のすすり泣き
何に例えようもない痛ましい慟哭

突然頭上の星は忙しげにまたたきはじめ
犬が遠吠えし
牛はごそごそ起き上がり
きり子たちはしばらくしーんと鳴き止むのだ

嗚呼しかし
闇のどこからも微かな木魂さえかえっては来ない

しばらくすると冷たい風が梢をさわがして吹きはじめる
さむい！　涙がかれたか　のどがかれてしまったのか
それとも諦めたのか
ふるえながら叫んでいた魂たちは下に眠る自分自身の躰に
ふーっと戻っていく

そしてしのび寄る薄明の気配には未だ一刻
犬も牛も静かに眠りにかえり
星は沈黙

虫たちはやがて盛んにすだきはじめるだろう

見失った或は見知らぬ愛をもとめ
時には自らもとめていることも知らず
飢えかわききって自分自身さえ喰いちらす
砂漠の虎狼の心に
此の世でそれを人に与えようとする愛が
晨の明星と輝きだすのはいつのことであろうか

そしてそれは真実望むことが許されるのであろうか
今のままで　今のままで　私も込めて

終戦後、復員した児島虓一郎が上陸したのは、はからずも故郷高鍋の港であった。町にあふれる孤児たちを見て、虓一郎は、中断している石井十次の仕事の再開を決意する。子供たちと一緒に暮らす詩人は、自らの心の痛みとともに、子供らの声なき声を聴く。

《来館者のメッセージから》　＊この展覧会の間に会場を訪れた人の感想。メッセージは一部要約。

午後のひととき、心にしみる言葉の、ひとつひとつをかみしめて。
☆

孤高の詩人にふさわしい会場に感銘。
虓一郎先生の詩はすぐに理解するのは難しいものですが、何度も読んでいるうちに深い思想や愛が伝わってくる、そんな気がします。

☆

一月の、まだ初春の趣の残る朝、はじめて訪れて感激しました。今日、三月半ば、虓一郎氏が茶臼原殖民の末裔の人たちと建てた教会が、今、こうして「祈りの丘空想ギャラリー」として虓一郎生誕百年に氏の詩の世界を私たちに下さっている。
おお雲雀　空高く……のように春の陽に風と小鳥たちが歓迎してくれているこのひととき!!　ゆっくりと詩を朗誦しました。
子供たちの日々を案ずる詩人のこころ
草や花や小動物や生きものに注ぐ情《なさけ》の心
この土地で汗を流して糧を得る日々の揺れる思い
お会いしたことのない虓一郎氏が、茶臼原の大地に命を刻みつつ十次の心を己が大脳に刻み込んだ辛苦がスーッと胸に入るようでした。
静けさと飾らない空間とが最高です。ありがとうございました。

ココの像　（大原総一郎氏ルノアールの作品を寄贈せらる）

海越えて来たとおとい幸

その頬をそっとなでてみた
幼児たちと　この異邦人の少年とに
これからどんな関りが産れるのかと
私は問う　私に

私は惑い　私は考える
雲泥という比較があるが
これはむしろわが胸を刺すべき言葉

皆の恵まれなかった
或は傷ついたその刻印の
こんな日に不意に起ち
菜種色の黄色を一面に舞い上がらせる竜巻のように
激しい昇天は許されまいかと

らんまんたる古桜のもと
芝生に座して見上げれば
ものみな明るすぎる真昼

青銅の陰りは深く

少年はひとりほほえんでいる
幼児たちの声する家の彼方
遥かなるものをみつめて

岡山で孤児救済事業を開始した石井十次は、倉敷紡績の大原孫三郎と出会う。大原は、十次の人柄と事業に共鳴し、以後、惜しみない支援を行う。岡山孤児院の仕事は、十次と孫三郎の共同事業とも言えるだろう。その後、十次は孫三郎と協議を重ねた上、故郷・高鍋の町に近い茶臼原台地に移転を開始。ここに「福祉と芸術・農業・教育」が出会う理想郷を作ろうとしたのである。

その後も大原家と石井記念友愛社の交流は続いている。虓一郎の時代にルノアールの彫刻「ココの像」が寄贈されたのもその象徴的シーンである。虓一郎はそのことに感謝しつつ、自身の心情とここで暮らす子供たちの状況とを重ね合わせる。

二〇一七年の現在、「石井記念友愛社」には約五十人の子供たちが暮らしている。ここから保育園、小学校・中学校・高校へと通い、社会へと巣立ってゆくのである。隣接する「茶臼原自然芸術館」には、約二十人の障害者が通所し、染織の技術を学びながら制作活動をしている。友愛社の経営する保育園も十園に拡大した。

私が転入してきた当時のことだが、ある一夜、酒盃を傾けながらの懇談で、仲間の一人が、児島草次郎理事長に対して、

「私たちが友愛社に対してできる貢献とはどんなことでしょう」

という質問をした。すると草次郎理事長は、

「何も特別のことをしていただく必要はありません。あなた方がここに住み、暮らしていただくだけでよいの

です。そのあなたたちの姿を見て、友愛社の子供たちは育つのです。過去百年の間、友愛社出身の子たちは、〝出自〟を名乗れなかったという歴史がある。孤児院出身者ということで、就職や交友関係、結婚などに対する差別に直面してきたのです。これから百年かかってもよいから、私はこの地を〝福祉と芸術・農業・教育〟が融合する理想郷として仕上げてゆく、その基礎を築きたい。それにより、子供たちが、誇りを持って自分の出身地を語り、出自を名乗れる地域になる、それが、石井十次以来の目標なのです」

とおっしゃった。私はその言葉に感銘を受け、

「これこそ友愛社百年の大計である」

と思い、以後、その言葉を指標として活動してきた。

一月三十一日から始まった「詩〈おもい〉展」に通い、そこに展示された詩を読みながら、石井十次の理念は、多様な形で、深く浸透しながら受け継がれている、と実感した。

二カ月間にわたったこの企画展も、山桜の花が茶臼原の森を彩る頃、終わった。

5　詩人の国　フラクタスへの旅

ここは、「詩人の国」なんだな、という印象を持った。

出会う人の多くが、名刺代わりに「詩集」を下さるのだ。

「文化を基軸とした観光」を売り物に、湯布院の町でさまざまな集客活動を展開してきたそれまでの私にとって、これはかなりの衝撃度を持った一撃であった。

穏やかな微笑と、悠揚たる態度で来客を迎え入れる南の国の人々。高校三年の夏、オンボロ自転車を修理して旅行した、南国宮崎の行く先々で、蜂蜜の入ったお湯を差し出されたり、日射病で倒れた仲間を優しく介抱して

くれたり、台風の襲来に備えて宿を貸してくれたりした、無口だけれど温かい微笑を湛えた人たち。その思い出が、一瞬の間に蘇り、そして、ここにこそ「本物の文化」があるのだ、と思い知らされたのである。集客のための文化ではなく、大地を耕し、広大な山・里・海と共に生き、創作を続ける人々。

詩人たちの国は眩しいほどの輝きを持って私を迎えたのである。

「新芸術集団フラクタス」というグループへの参加を呼びかけられたのは、湯布院から宮崎へ移転してきた次の年だったが、私はそこでも、土地に根を張った作家たちに出会った。画家、詩人、文学者、音楽家、クラフト作家、写真家、彫刻家、前衛美術家、評論家など、ジャンルを超越した芸術家集団を組織したのは、宮崎出身で東京在住の加藤正（一九二六―二〇一六）という美術家だったが、集まった面々は、前衛美術から伝統芸能まで幅広い創作家たちが顔を連ねていた。

加藤氏は、宮崎出身の画家・瑛九が結成した「デモクラート美術協会」の活動に参加した、いわば戦後の前衛芸術の生き残り的作家で、当時八十歳代の高齢に達していたが、意気盛んなること壮年男子も及ばずといった元気者であった。この加藤氏を中心に多士済々、面白おかしい面々が集ったのである。

この芸術展の二年目、私は総合アートディレクターに指名されたので、それまでの経歴をもとに宮崎県全域のアーティストが一斉に参加する総合芸術展という方針を提示した。それぞれ魅力的な創作家たちが自身のアトリエ、工房、書斎、ギャラリーなどを公開し、自作を公開するという方式である。湯布院を始発に、各地で企画を重ねてきた私にはかなり自信のある提案だったが、まだこの地には馴染みが薄く、諸手を挙げて歓迎というわけにはいかなかったが、私は一人ずつ作家の元を訪ね歩いた。

綾町の町はずれ、小高い岡の上に深い森があり、その森の奥に果樹園と瀟洒な建物がある。そこが、画家・玉田一陽氏のアトリエであり、個人美術館である。このアトリエで、玉田氏は曼荼羅の大作や現代美術の作品などの制作を続けている。森のアトリエを訪れ、詩人でもある玉田さんのお話を聞いていると、自分も森の哲人の仲間入りをしたように錯覚する。

隣接する野尻町に染織家の藤井貴里彦氏がいた。藍甕に藍を育て、丹念に藍染めの作品を染め上げる仕事と併行して、戯曲を書いていた。藤井さんとは湯布院にいた頃から縁があり、この展覧会で再開できたことがありがたく、嬉しい縁であった。その父君も宮崎県内では知られた郷土史家であり、文学者だったが早世。貴里彦さんはその遺作集『城雪穂作品集』(鉱脈社、二〇〇三)を刊行するなど顕彰を続けていたが、近年、彼自身も肺癌のために他界した。惜しまれる父子であった。

宮崎市内の閑静な住宅地の一角に詩人・南邦和氏のお宅がある。南さんは幼い頃を朝鮮半島で過ごし、宮崎へ家族とともに引き上げてきたため、「二つの祖国」を持つと言う。そして、昔も今も、「二つの国家」の間に横たわる複雑で微妙な感情の間で心意が揺れる。その心情が、詩人の「ことば」として発せられる時、時代も民族をも超えた魂の叫びとして読者の胸を打つ。この展覧会では、コレクターでもある氏の自宅を公開し、「詩人の家」という魅力的な会場構成で参加して下さった。前衛の旗手・暴れん坊として名を馳せた加藤正氏の盟友でもある南さんの温厚で知的で包容力に富む人柄が、一見バラバラに見える「フラクタス」というアーティスト群の支柱となり、纏め上げる役割を果たした。

やはり宮崎市内に画家・水元博子氏がいる。宮崎県立美術館に学芸員として勤務していた頃、瑛九の図録作成に関わった経歴もある彼女は、事務局の一員として手腕をふるった。画家としては、「南国の赤」と表現するにふさわしい情熱的なタブローを得意とする。「フラクタス」の命名者であり、加藤正の姪でもある池辺宣子《のぶこ》氏が、実質的なこの会の牽引者で、時折、古代のシャーマンのような神がかり的発想と行動で皆を惑わしたが、冷静沈着な水元・池辺の絶妙のコンビネーションが、この会を円滑に駆動させたのである。

池辺さんと一緒に、美術家・日岡兼三氏のアトリエを訪ねたのは、太平洋の荒波が打ち寄せる潮音が轟く荒れ模様の日だった。日岡さんは立体作品を主として制作・発表を重ねた美術作家だが、アトリエは絵画教室にも

なっていて、厳しい指導で知られたその門下からは優秀な人材が出た。その厳格な素描群に囲まれた画室で、日岡さんは、

「余命一年」

と医者から告げられている、と言った。末期の肺癌である。それでも、

「貴方たちがこうして訪ねて来てくれたから、その熱意と主旨を了とし、これを人生最後の発表機会として参加する」

と言って下さった。私と池辺さんは、涙を拭いながらアトリエを去り、この展覧会の主会場の正面を飾る作品を日岡兼三の大作にしよう、と決定した。これで、この企画の骨格と性格が固まった、と私たちは確信したのである。

私と池辺さんとの作家を訪ねる旅は二カ月に及び、四十人の参加作家がリストアップされた。それを一枚の地図に刷り込み、裏面には宮崎県全図とそこに配置された参加会場を記した。メイン会場は、宮崎県立美術館。そこに作家の代表作を展示し、そこから、このパンフレットを兼ねた地図を手に、観客が各会場や作家の元を訪ね歩くという趣向である。

県北・延岡市には、自分の経営するショップをさながら立体作品のようにオブジェ化したアーナー恵子氏が参加した。

アトリエはおもちゃ箱のようであり、魔女の館のようでもあり、現代美術の大作がズラリと並ぶ幻想空間である白瀬昌子氏の自宅も公開された。異国の彫刻や古い書籍などが並んだ不思議空間でふるまわれるお茶が美味しい。芥川仁氏に率いられた写真家集団はドキュメント性の高い作品群で参加し、村上三弦堂は津軽三味線の哀調を南国的な明るい情調で歌い上げた。広場の木立の下では土田浩氏のチェロが重々しく鳴り、詩の朗読が流れた。

私は、俳人・蟬丸こと脇本星二氏とのコラボレーション作品を発表した。宮崎市中心部の繁華街・橘通りの古い長屋形式の酒場の店舗や路地、裸電球の下がる狭い通路、公衆便所の壁などに蟬丸氏の俳句を私が流木や石、古い板材などに書き付け、それを飾って回ったのである。参加作家たちは、会期中、そこへ呑みに通った。遠からず取り壊される運命にあったこの横丁の酒場はひととき、懐旧談と望郷の念と果てしない芸術論の交わされる「フラクタス空間」となったのである。

＊以上が、第二回展の回想。その後「フラクタス展」は宮崎市内の「民家園」という古民家群を移築した博物館空間、串間市の中央公民館、県立美術館、宮崎市立アートセンターなどに会場を変えながら十回展を重ね、加藤氏の死去により現在は休会中。いずれ「第二期フラクタス展」として再開が協議されている。

＊「フラクタス」とは物理用語「フラクタル（混沌とした光の断片）」による造語。多彩な芸術家集団を象徴するグループ名となった。

二　森へ行く道

1　薪ストーブのぬくもり

旅の途中で立ち寄った古い村で、一軒の民家を訪ねた。

大きな木に抱かれるようにして、ひっそりと建つ木造の家は、大正から昭和初期頃の村の郵便局、または戦後の開拓者が住んだ建物のような風情を漂わせていたが、無人であった。

玄関には

――どうぞ、ご自由に入り、村の時間をお過ごし下さい。

と記された木板があったから、遠慮なく板敷きの居間に上がり込んだ。

薪ストーブが、この家の主の不在を示して、わずかな余熱を発していた。上蓋を開けてみると、大きな木の塊が燃え残っていて、空気が送り込まれた途端、木塊はすぐに小さな炎を点滅させた。

黒光りのする家具や、木の椅子、漆喰の色が渋いねずみ色に変色した壁などに「神楽」のデッサンが飾られていた。遠くから、太鼓の音と、細い笛の音が聞こえた。

この民話の舞台のような村は、中世を起源とする「神楽」を伝える村で、近づいた夜神楽の日を前に、練習が始まっているようであった。

無人の古民家に設置されていた手挽きの珈琲を淹れようと、赤いポットを手にしたところで目が覚めた。

私は、自宅のストーブの横の木製ベンチに寝て、夢をみていたのだ。だからその夢は、現実の生活と、若い頃に出会った旅先の風景と、以前試みた古民家ギャラリー開設の仕事の記憶とが混交したもので、妙に現実感をともなうものであった。

広大な米良山脈のほぼ中央部に位置する西都市尾八重《おはえ》地区は、中世の山城を中心に形成された集落で、村の中心部にある尾八重神社に「尾八重神楽」を伝える。だが、村には数人の老人が暮らすだけで、神楽は近隣の里に下った伝承者たちが、一年に一度、神社の大祭の日に奉納する。神楽の夜は、往時の賑わいを髣髴とさせる賑わいをみせるが、一夜が過ぎると、再び「限界集落」と呼ばれる寂れた村に戻る。

この村の郵便局だった家を改修して「椿一番館ギャラリー」として運営を開始した後、この村の上手にある牧場の跡地が牛・馬・羊などの伝染病「口蹄疫」発生時の種牛の避難所として使用されて道は通行禁止となり、立ち入ることができなかったり、私自身が各地で同様の主旨の仕事を手がけたりして、訪れる機会を失ったまま時が過ぎていた。

そしてその年の夏、久しぶりに訪ねた村で、ひっそりと、当時のままに開放されている無人のギャラリーに再会したのである。私は少しだけ展示の手直しをして、この家の家主宛に、

「近いうちにまた展示替えに伺います」

と書き置きを残してきたのだった。

薪ストーブの前の一場の夢は、そのような遠近の風景と心象とが投影されたものであった。

＊その後の展開は第六章「神楽を伝える村／尾八重アートプロジェクト」で詳述。

2　薪切り、焚き火をして過ごす一日

ほっこりと暖かな一日である。

北国からは初雪の便りが届き、九州北部の山岳地帯からは紅葉の映像が届けられる季節になったが、ここ宮崎は「ひなた」の国、さんさんと陽光が降りそそぐ陽だまりの国である。

家の周囲の雑木を切り、その時になぎ倒された灌木、野草、木の葉などを集めて焚き火をする。薄青い煙が立ち昇り、空へと同化してゆく。

森から担ぎだしてきた大木も伐ってゆく。薪の量が増えてゆく。なんとなく、ゆたかな気持ちになる。少年期に過ごした山里の暮らしの、冬を迎える前の記憶がよみがえるのであろう。

先日届いた故郷からの便りに、山仕事の人が、

「近頃は、里の衆が焚き火をせぬから木の栄養が足りず、森の成長が遅い」

と言っていた、と書かれていた。私の故郷の大分県日田市には、昔から山仕事を生業とする人々が多くいて、彼らは、

「俺たちの仕事は、木を伐り出すことではない、風や美しい空気や水を育てることだ」

という。「光合成」のことなどを学習せずとも、生態系の仕組みや環境のことをよく知る人々である。

＊焚き火の煙が環境によくないと考える人は、小学五年生の理科の時間をおさらいするつもりで「森の空想ミュージアム」のホームページの「森へ行く道／光合成のこと・再び光合成のこと」の項

http://www2.ocn.ne.jp/ yufuin/morieikumichi. html

またはインターネット検索で「光合成」を引いてみて下さい。「焚き火の煙と植物と光合成と植物の中に蓄えられる

炭」という自然界の仕組み（常識の範囲である）が簡潔に書かれています。

またある一日、家の前に聳えている幹周り三メートル、樹高三〇メートルにも及ぶ栴檀《せんだん》の大木の枝を切り落とした。

近隣の人たちの話を総合すると、この巨樹は、終戦後、高鍋の町に復員してきた児島唬一郎氏（友愛社・先代理事長）がこの家を建てた頃にはすでにあったというから、樹齢は七十～八十年程度と思われる。生長の早いこの樹種の中でも際立った大きさである。

私が引っ越してきた時には、すでに友愛社本部新館の完成後空き家になって四年程が経過していたが、中庭に聳える楠の巨樹（推定樹齢三百年）とともに、その枝葉が建物を覆い、涼しい日陰を作っていた。それから十年以上が経過して、木はますます生長し、大風の吹く日は枝の一本が建物の屋根を叩くばかりか、大量の落ち葉が駐車してある車の屋根に降り積もり、車体を薄緑色に染めるほどになったのである（栴檀の葉は「淡緑」を染める染料としても用いられる）。それで、一大決心をして、その大枝を切り落とすことにしたのであった。

焚き火

鋸《のこ》を入れる位置は、地上約五メートル。枝と言っても直系三〇センチを超える大木並みの太さである。少年期から青年期へかけて、山の村で育ち、村の大人たちに混じって山仕事をこなしてきた私だが、この年になって（すでに六十歳代後半の爺である）、このような大仕事をしようとは思わなかった。それゆえ、これが最後の高所での大木伐りの機会になるかもしれない、と思い定めるまでにかなりの時間がかかった。若い頃に「白蠟病」という文明病を患い、十年ほど前に軽度の脳梗塞を経験した私としては、このような作「大仕事」という形容は、決して誇張とは思わないが、このような作業ができるところまで回復してきたのだという感慨も含まれている。

心配するほどのこともなく、枝は切り落とされた。

焚き火が続けられている。

隣の畑で老母が大根の種を蒔いた。

庭には早くも落ち葉が散り始めた。

栗の実も落ちている。

山から神楽笛の音が聞こえてくると、私は神楽の里へと出かけ、一晩中、絵を描いたり、里人と交歓したりして過ごす。

季節が、緩やかに巡ってゆく。

3　森の恵み、エノキタケを見つけた

いつも通る、家の裏手の散歩道の脇の、榎の根株に立派なキノコを見つけた。

ふむ。榎の木に生えているのでエノキタケだな。これは食ってみなくては。

ただし、キノコで「冒険」をしてはいけない。榎の木に生えているからエノキタケだという軽はずみな判断もいけない。キノコは菌類であり、ウィルスの仲間であり、毒性の激烈なものは人体細胞を破壊し、三日以内にコレラ状態になって死ぬ、というものがある。治療の方法はない。少しでも怪しいと思うもの、これは安全という絶対の自信がないものは食べないこと。これがキノコとの付き合い方の鉄則である。大丈夫、という自信があっても、初めての土地で、初めて採集したキノコについては、大量に食べないこと。これも肝要である。

調理は佃煮がよい。その甘辛く煮付けたものを、まず、一切れ、食べて様子をみる。

美味しいからといって油断してはいけない。フグや美女……毒が強いほど、美味しく、危険なものは世の中に幾らでも存在する。

三十分程経って、吐き気や腹痛などの体調の異変が認められない場合にかぎり、三切れほど口に運ぶ。

ほら、冒険をしているではないか、そんなに恐るおそる食べるくらいなら、食べないほうがよいではないか。

でも、これがキノコの醍醐味だ。

命の危険と隣り合わせの美食。

三切れほど食べてみて、さらに三十分が経過して、幻覚などが現れなければ、晴れて、食膳に乗せてよろしい。

さて、このエノキタケと思われるキノコは、笠がやや丸みを帯びて茶色がかっているから、ヒラタケではない。ヒラタケに似た毒キノコ・ツキヨタケでもない。だが、エノキタケは晩秋から冬にかけて発生するキノコであるから、少し時期がずれている。笠が開きかけたものは平たくなりかけているが、幼菌は、丸っこく、ぬめりがある。やはり特徴は、エノキタケだな。

森の一日

そんなふうに考えを巡らしていたら、老母が手早く調理してきた。良い香りだ。一切れ、食べてみよう。

現在、九時四十分……そして十時十分。三十分経過、異状なし。三切れ食べる。うまい。ほんもののキノコの味だ。かすかに漂う山の香り。これはたまらん。でも自重しなくては。

三十年も前のことだが、クサウラベニタケをウラベニホテイシメジと間違って食べて大あたりしたことがあるのだ。もうすぐ九十歳になる母は「いのち」のことなどには無頓着な年齢に達していて、すでに食べて、

「汁も飲んだけど、どーもないよ」

と言っている。度胸がいいというか、無謀というか、懲りない性格というべきか……。あの時、一緒に食べて、共に生死の境をさまよった（というほどではないが、一晩中トイレに通い続けた）ことを忘れているはずはないのに。

それで私も、午前中二度食べたけれど、べつに目眩や吐き気もないし、笑い出したり、美女の幻が見えたりもしない。異状なし。少し疑問点があったけれど、毒キノコではなかった。ご飯の横に少し乗せていただく、極上のお昼ごはん。分量はちょっぴりだが、残りは、夜の焼酎のつまみだ。

明日からは、次々に成長してくるものを、いろいろな料理法で味わうことにしよう。

4　夏草の香り　「鎌」をめぐるあれこれ

家の周りの草刈りをする。

南国の強烈な太陽の光を浴びた植物は、五月の連休を過ぎると猛烈な勢いで繁茂し、草刈り作業を怠ると、たちまちジャングルに近い状態となる。里山の森に隣接したこの地で暮らすためには一定の労働力が必要なのである。

できるだけ草刈り機に頼らず、下草刈り用の鎌《かま》を使うことにしている。下草刈りとは、杉の植林をした後、数年間は生えてくる小灌木、雑草、つる草などを刈り払う作業をいう。およそ七年ほどその作業を続けると、杉が生長し、灌木類や雑草の生長が鈍るため、「杉林」として機能し始めるのである。

木の柄のついた鎌を振るうことについては、腕力と持久力を必要とするが、じかに植物と対面するよさもある。私が草刈りを始める頃は、野いちご（クサイチゴ）が熟れ、真っ赤な実が草藪の中で光っている。この野いちごの実を近所の子供たちが採り尽くした頃、私は草刈り作業を開始するのである。近隣の人たちや農家に比べると開始時期が少し遅れることにより、怠け者扱いされるおそれもあるが、このペースは守りたい。

伐り払われて倒れた草の中に残るドクダミを拾い集めたり、モリアオガエルの卵のついた草を刈り残したり、染料として利用できるヤブマオやクサギを残したりしながら刈り進んでいくので、作業はなかなか捗らない。が、それはそれでよいのだ。

近所の犬が迷い込んで来た。綱を引いている。散歩の途中で飼い主とはぐれたか、退屈な拘束を嫌って脱出してきたのか。呼んだら、尻尾を振りながら近寄ってきたのでしばらく遊んだ。家まで連れて行くことにしよう。

使い込まれた鎌には、年代物の骨董品または鋭利な武器、あるいは現代美術のオブジェのようなものがあるが、私が使っているものはまだそこまでは進化してはいない。

二〇〇七年に奈良県纏向《まきむく》遺跡から出土した木製仮面の周辺には、農耕儀礼として用いられたとみられる木製品とともに「盾」と「鎌の柄」が見つかっている。鎌は、もちろん農具であるが、古代の農耕儀礼においては呪力を持つ祭具として用いられたと考えられている。

仮面と盾と鎌が出土したことから、この纏向遺跡の木製仮面と「方相氏《ほうそうし》」の儀礼との関連が指摘されている。方相氏は中国古代の祭祀者で、熊の皮を被り黄金の四つ目の仮面をつけ、黒い上衣に赤い裳を付け、片手に矛、もう一方の手に盾を掲げて祭りの行列を先導した。方相氏は春秋戦国時代頃の史書に登場する。日本の弥生時代の出土遺物には、仮面と思われる被り物を被り、矛と盾を持ったシャーマンの姿が描かれているものがある。これらのデータを照合することにより、纏向遺跡出土の木製仮面と渡来の方相氏儀礼とが関連付けられるというのである。

私は、これまで、この纏向遺跡出土の木製仮面は、大和王権樹立と同時期(あるいは直後)に、政権の中枢部で奉納された服属儀礼(翁舞、田の神舞に類似する農耕儀礼)と位置づけてきた。方相氏は武神であり農耕神ではないし、鎌は農具であって武器ではないのだ。けれどもこのような論が提示されたからには、今後は、二論併記で考察を進めてゆくこととなる。いずれにせよ、「鎌」が重要な役どころを占めているというのが面白いではないか。

夏草の香りには、別の思い出もある。あれは、二十代前半のことだから、今から四十年以上も前のことだ。

私と二歳年下の弟とは、ひと夏、父親が請け負った杉山の下草刈りの仕事の手伝いをした。一町歩だとか三町歩だとか言っていたその山は、麓に立って見上げると全山が押しつぶすように迫ってくる巨大な山塊であった。その山は、三代前までは私の家の所有だったという物件だったが、すでに人手に渡り、私たちはその下仕事をする運命下に置かれているのだった。そのことの切なさ無念さは差し置いても、膨大な山の草を切るのは、当時はすべて手作業すなわち「鎌」で切り払うしか方法はなく、その仕事は、紺のTシャツが汗の塩分で白く変色するほどの重労働であった。

とはいえ、鎌で草を刈り払う音、強い草の香り、襲撃してくる蜂、蝮のいるくぼ地、沢水や渓流魚、クロモジの枝を切ってきて作る箸、時折得られる山椒魚の塩焼きなど、夏の山仕事ならではの楽しみも多かった。

一日に何度も研がれた鎌の刃が細くなるほど働いた夏が終わり、私たちの手元には一文のお金も残らなかった。それが、一家が餓えずに過ごすために消費された金であったか、あるいは父が乾坤一擲《けんこんいってき》の勝負に出た新しい事業に使われた金かは結局分からなかったが、私も弟も文句は言わなかった。

夏草の香りとともに思い出されるのは、あの夏の鎌の重さだけである。

5 森の蛍

草刈りを中断している。

森のホタル＝ヒメボタルが大量に発生し、庭先やわが「九州民俗仮面美術館」の窓辺にまでやって来るのである。

チカチカと点滅を繰り返しながら、草に止まりそうになったり、またふわりと舞い上がったりする。これはオスである。

ヒメボタルのメスは飛行できないため、草木につかまった状態で発光するという。だとすれば、この辺りの草むらにもヒメボタルがいて、恋愛成就の瞬間を待っているのではないか。森に幽玄の光を明滅させながら浮遊するのはオスのヒメボタルで、メスを求めて移動中なのであろう。草を刈ってしまえば、彼らの生殖の場に深刻な打撃を与え、棲息分布に影響を及ぼす恐れがある。

草刈りは一休み。

「森のホタル」と呼ばれるヒメボタルは、陸生のホタルで、日本では本州、四国、九州、屋久島にまで広く分布するという。

八重山地方にはヤエヤマヒメボタル、石垣島にはイリオモテボタルがいて、南に連なる島々には多くの同種のホタルがいるらしい。水辺ではなく、森林地帯に棲息するため、人目にはつきにくくあまり知られてはいないが、世界的に見れば陸生のホタルのほうが分布は多いのだという。

餌はカタツムリ類だというが、こんなに多くのホタルを養うほどのカタツムリがこの森にいるのかどうか、不思議である。以前、カタツムリの仲間のキセル貝の大量発生を見たことがあるが、これもヒメボタルの餌の一つなのだろうか。

キセル貝は、体長二センチほどの細く小さな陸生の巻貝で、森の朽木や落ち葉の下などで発見されることがある。けれども、ホタルの大群を養うほどの分布があるとは思えない。山や森にはまだ多くの不思議がある。

このキセル貝は、熊や猪、鹿などを狩る猟師が「山オコゼ」と呼び、海のオコゼの代わりに山の神に捧げる地方があるという。山の神は女神で、醜貌であるゆえ、自分よりも醜いオコゼをみると上機嫌になり、獲物を授けてくれるのだという。だが、海のオコゼとキセル貝とは全然似ていない。ここにも一つ、山の不思議がある。

今夜は、仮面美術館の窓を開け放ち、部屋の明かりをすべて消して、ヒメボタルの群舞を見ることとしよう。山の神や水神、神楽の主役や道化、翁、謎を秘めた女面――。時々、百点を超える仮面の展示されたこの部屋に舞い込んでくる、森のホタルがいる。

三　鶉の来る庭

1　珍客飛来

この鳥を初めて見たのは、早春の午後、穏やかな陽射しが我が家（九州民俗仮面美術館）の前の広場を温めている日だった。広場の片隅の、畑からこぼれ落ちた米良大根の種が発芽し、半ば野生化した葉を啄んでいた。米良大根は「糸巻き大根」ともいう山地特有の大根で、椎葉では焼畑の野に自生する例もあることから焼畑大根ともいう。その白い根に薄紫の混じった横輪が巻いており、細切りにして酢に浸すと鮮やかな紫紅色になり、美味である。この季節、葉もやわらかくてうまい。鳥は、その葉っぱをしきりにつついていたのだ。鳩やコジュケイ（小授鶏）よりやや小さく、ヒヨドリ（鵯）やツグミ（鶫）よりは少し大きい。

——はて、見慣れぬ鳥だな？

と思ったが、すぐに飛び去ったので、そのまま忘れていた。

数日後、今度は、窓の外の灌木の下にいた。枯葉の色に似た地味な鳥で、姿はツグミに似ているが、背中や胸の辺りに縞々の模様がある。やはりツグミよりは大きい。

——ウズラ（鶉）かな……？

早速、インターネットの「鳥類図鑑」で検索してみると、ウズラは胸毛が白く、九州には分布しないことが分かった。

……？

正体不明のまま、また数日が過ぎた。

次に現れたのは中庭の窓の下だったので、よく観察することができた。放し飼いの鶏や、今や常連となったツグミ、ヒヨドリ、ジョウビタキなどの餌のおこぼれを狙ってやって来るようになったもののようだ。

「トラツグミではないか!!」

とひらめいたのは、その独特の胸の虎斑を確認した時であった。

2 鵺の正体

平安時代、宮中の庭に現れて夜な夜な気味悪い声で鳴き、人々を恐怖させたり、森の中で夜中に細い声で鳴き、山岳修行の修験者・山伏をも「死人の魂が追ってくる」と恐れさせたりした怪鳥「鵺《ぬえ》」の正体が、スズメ科のトラツグミであることはすでに明らかになっている。

以下はインターネット辞書「ウィキペディア」による。

- 形態　体長は30㎝程でヒヨドリ並みの大きさ。頭部から腰までや翼などの体表は、黄褐色で黒い鱗状の斑が密にある。体の下面は白っぽい。嘴は黒く、脚は肉色である。雌雄同色である。
- 生態　主に丘陵地や低山の広葉樹林に好んで生息するが、林の多い公園などでも観察されることがある。積雪の多い地方にいるものは、冬は暖地へ移動する。
- 食性は雑食。雑木林などの地面で、積もる落ち葉などをかき分けながら歩き、土中のミミズや昆虫類などを捕食することが多い。冬季には、木の実も食べる。

・繁殖形態は卵生。木の枝の上に、コケ類や枯れ枝で椀状の巣を作り、4―7月に3―5卵を産む。
・鳴き声は「ヒィー、ヒィー」「ヒョー、ヒョー」。地鳴きは「ガッ」。主に夜間に鳴くが、雨天や曇っている時には日中でも鳴いていることがある。
・古来、「鵺鳥の」は「うらなく」「片恋」「のどよふ」という悲しげな言葉の枕詞となっている。トラツグミの声で鳴くとされた架空の動物はその名を奪って鵺と呼ばれ今ではそちらの方が有名となってしまった。

以上のごとく、古来、「妖怪」、「怪鳥」の扱いを受けてきた「鵺」だが、実際にはトラツグミという鳥の鳴き声であった。トラツグミとは、前述のようにツグミ、ヒヨドリの仲間の普通の鳥である。が、その身体を覆う虎縞模様は地味で、地面に近い灌木の下や草藪の陰でひっそりと暮らし、その活動は朝夕や夜、雨模様の薄暗い日などであるから、その姿が目撃されることは少ない。実態の知られていない鳥の一種であると言えよう。

3 「とらつぐクン」と名づけた

トラツグミという鳥は、怪鳥でも珍鳥でもなく、ただ地味で目立たない鳥のようだ。

今朝は、我が家の玄関の前の木材の上に止まり、石井記念友愛社の子供たちが近くの小学校へ通う列を見送っていた。その栗の木の株のぽっこりと盛り上がった瘤の部分と見間違うほど地味な色であり、虎縞のまだら模様であった。

その特性を生かして、「化ける」こと、すなわち擬態は彼の得意技のようだ。最初に写真を撮った時には、藪の中の落ち葉と枯れ木の枝に隠れてじっと私の方を見つめていた。次の時は、カメラを構えた私を警戒して、少し向きを変え、じっと固まってしまった。栴檀の古木か榊の根株に化けたつもりらしかったが、その先は空き地なので、逆光が彼の姿を浮き彫りにして、姿を隠したことにはならなかった。自分の技＝擬態に自信があるのか、少し間抜けなのか。

次に撮った写真も、少し前方の枝でじっと動かず、目だけをこちらに向けて固まっている。なんとなく愛嬌のある鳥ではないか。「鵺」などという不気味な名を冠せられるのは気の毒ではないか。

私は彼に「とらつぐクン」という名を付けて、私たちの仲間に加わってもらうことにした。今、この森には、うるさく騒ぎ立てるヒヨドリや、キョッ、キョッと静かに灌木の間を滑空するツグミ、小さくお辞儀をしながら出てくるジョウビタキ、藪の中で笹鳴きを繰り返しているウグイス、椿の蜜を吸いに来るメジロ、若葉の季節になれば高い木の梢で鳴き交わすイカルなどが来ている。高い空を飛翔するハヤブサの姿も時折見られる。

とらつぐクンがこの森の住人として居てくれるのは、彼と彼の仲間が、高山の森の中へと帰って行く四月頃までのわずかな期間だと思われる。果たして、この生態がよく知られていない鳥を観察してみる機会になるかどうか。

4「とらつぐクン」の習性

我が家の近辺に住み着いた「とらつぐクン」の習性が少しずつ分かってきた。ヒヨドリ、ツグミ、トラツグミがほぼ同じ仲間で、似たような姿をしているが、その習性はやや異なる。ヒヨドリは、木立や庭木のやや高い部分の、一本の木でいえば下から三分の二程の位置にいて、騒がしく鳴きたてたり、時折り首をかしげては、枝から落ちそうになるほど、地上を行き来する猫や犬や人間などを観察しているかと思うと、つい、と飛び立って、くい、くい、と空中に波状の曲線を描きながら次の枝へと移動する。三羽、五羽と群れてやってくる場合もある。椿の花の蜜を吸いに集まるメジロなどを追い散らすヒヨドリが「庭のギャング」と呼ばれて嫌われるのに対して、ツグミは、一羽だけでやって来て、おとなしく地面の虫や木の実などを啄んでいる。主に潅木の下をさあっ、と音もなく飛び、移動する。

今から半世紀も前のことだが、小学六年の時、同級生たちと一緒に学校の裏山に小鳥罠をかけてこのツグミを生け捕り、教室に放し飼いにしていたことがある。二十羽ほどの小鳥が教室中を飛翔するさまは圧巻であった。校長先生や教頭先生の苦りきった顔を無視してそれを許可していた担任の先生もまた、今思えば豪胆であった。

ツグミは、目立った特徴のない灰色がかった地味な鳥だが、下腹辺りに白毛があり、飛ぶ時にそれが後ろ姿をわずかに装飾する。灌木の中を下枝から下枝へ、ひそやかに飛ぶ。人を恐れるふうもなく、垣根がわりに植えてあるヒサカキの枝を伝って後を追ってくることもある。

トラツグミの「とらつぐクン」は、ツグミに比べてもっと地味で、控えめな性格である。体型もツグミよりもややふっくらとしていて、ミミズや昆虫など、地面の虫を好んで食べるようだ。落ち葉をくちばしでくわえてひっくり返しては、つん、つんと啄んでいる姿が見られる。近づいても、慌しく逃げるわけではなく、木の株や堆積した落ち葉に隠れるようにして、じっとこちらを見ている。身体全体に散らばる虎斑模様を用いた、得意の擬態である。本人は忍者のように土遁の術や木の葉隠れの術を使っているつもりらしいが、こちらからはちゃんと見えている。ちょっと間抜けというか、剽軽《ひょうきん》というか、のんびり屋というか、憎めないところがあるではないか。逃げる時は、ふわりと飛び立ち、地面すれすれを飛び、また地面に降りる。

このトラツグミが、その姿「頭が猿、体は狸、尾は蛇で、手足が虎のごとし」(『平家物語』)、「頭は猿、体は虎、尾は狐、足は狸」(『源平盛衰記』)とされ、その鳴き声は「聞くものの心を蝕み、取り殺し、その魂を喰らい、暗雲に乗って空を駆け、凶事をなす」と恐れられた「鵺」という妖怪にされてしまったということと、彼の生態とは結びつかない。

ある一日、桜の花が咲き、その花びらが風に舞い、地面にはスミレの花が点々と紫の色を散らしている広場で、終日、「とらつぐクン」が餌を拾っていた。近づいてもあまり遠くへは逃げずに、一心に地面をつついている。虫が大量に発生しているのか、それとも風に飛ばされてきた桜の花びらを追っているのか。

のどかな昼下がりであった。

5 「とらつぐクン」は何処へ

「とらつぐクン」の仲間を見つけた。古い教会を改装した「祈りの丘空想ギャラリー」の隣地の畑の中である。そのトラツグミは、我が家の周辺をテリトリーとして住み着いた「とらつぐクン」とは違う個体らしい。近づくと、すぐに飛び立って、西側の杉木立から竹藪へと続く森の中に逃げ込んだので違いが分かるし、私はすぐに引き返して家の前の広場でのんびりと餌を啄む「とらつぐクン」を確認したので、彼らが別々の一羽だということは間違いない。

ツグミは広大な茶臼原台地のあちこちに住んでいるが、いずれも、一羽ずつのテリトリーを形成し、それぞれの勢力圏には入り込まないよう心がけながら生活しているようだ。

トラツグミも同様の習性を持っているのだろう。

我らが「とらつぐクン」は、近辺の住人にもなじんで、「とらちゃん」とか、「とらクン」などとそれぞれの愛称で呼ばれ始めている。うちの老母などは「トラや」と、まるで猫にでも呼びかけるようにその名を呼び、畑仕事の手を休めて切り株に腰掛け、眺めているのだ。要するに、トラツグミは鵺などという妖怪とはほど遠い、地味で控えめで、少し臆病なところもあるけれど愛らしい、ごく普通の野鳥なのだ。

数日、その「とらつぐクン」の姿が見えなかった。

それで、私は、

――ああ、「とらつぐクン」も山へと帰る季節が来たのだろう……。

とか、

――そろそろ山へ帰って、パートナーを見つけて子作りを始めるのかな……

――そして、あの、山伏・修験者さえ恐れるという、不気味な鳴き声で人々を苦しめるのだな。

などと思っていた。

ところが……うららかな春の陽射しが降り注ぐ木立の下で、散乱した羽根が見つかったのだ。不吉な予感がして、私はしゃがみ込み、茶色の羽根や綿毛を手に取ってみた。すると……なんと、それらのちぎれた羽根やふわふわの胸毛と思われる小片には、あの、見慣れた虎斑模様が付いているではないか。

――殺《や》られた!?

――あの、野良猫のしわざだな。

無残な殺戮の現場は、周辺に棲み着いている野良猫の一匹が、うらうらと春の陽射しを浴びながら昼寝をしているようなふりをしながら、その銀色と青とが混じった目を細く開いて、獲物を狙っていたポイントであった。そしてそこは、「とらつぐクン」が飛来し、ぽつりぽつりと餌を拾いながら移動する小道でもあった。

ああ、「とらつぐクン」は猫の餌食になったのだ。しかし、これもまた、自然界の厳しいいとなみのひとつなのだ。つい先日、子猫を六匹も産み落とした猫も、狩をして食を得ることが、繰り返される彼女の日常なのだ。

六道輪廻。

――「とらつぐクン」、さようなら。

――ちょっと淋しいけれど、君がふるさとの山へ帰ったのだと、俺は信じておくことにするよ。

虎斑の羽根ときれぎれの羽毛と、少し血の混じった土を、私は手で掬い取り、いつも彼が来ていた椿の大木の下にそっと置いた。

その色は、椿の落花と同化して、ただの花びらのように見えた。

四　「功」と「拙」の間に

1　「書の野人」新井狼子のこと

十数年前のことになる。関東地方に、時ならぬ大雪が降った夜のことであった。

その夜、私は、書家の新井狼子《あらいろうし》（一九二〇—二〇〇五）氏のアトリエにいた。狼子氏は「書の野人」と呼ばれ、画家の須田刻太《すだこくた》氏の書風に影響を与えた達筆であり、絵画、前衛書にもすぐれた作品を残し、子供や無名の市民の無垢の書を評価するなど、懐の深い表現領域を持つ芸術家であった。私は、旧・由布院空想の森美術館を運営していた時期、知人の紹介で出会い、数度にわたり氏の個展を開かせていただいた縁で、親しく交流した。

一九八〇年代、狼子氏が発信した「人間、この愚かなる試み」、「人類の敵はなぜ人間なのか」などの強烈なメッセージは、当時の人々の心情につよく響いた。日本列島を「バブル」と呼ばれた経済の狂騒状態が席巻し、リゾートマンション建設、ゴルフ場開発などの波が荒れ狂い、世界に目を向ければ、石油資源の争奪戦ともいわれた「湾岸戦争」が勃発していた。

古代オリエント文明揺藍の地で繰り広げられる空爆、石油にまみれて死んでゆく海鳥などの映像を観て、私は「声を上げよアーティストよ、心やさしき人々よ」という展覧会を開催し、湯布院を襲った乱開発・環境破壊に対しては、仲間たちと共に「由布院発地球市民行き」というメールアート展を開催した。「美術館という場」から何ができるか、という自問であり、人類や社会、地球の危機的状況に対して、常に真っ先に声を上げ、行動するのは、詩人、作家、画家、音楽家、演劇家などのアーティストであり、それに呼応するのが市民である、という確信に基づくものであった。

この企画に賛同して寄せられたメッセージの中に、狼子氏の痛烈な言葉と作品があった。この時の成果は、『戦争と美術館』（不知火書房）、『森へ――メールアート展／湯布院発地球市民行き』（海鳥社）という記録集としてまとめられ、建築物の高さなどを制限する湯布院町条例の制定などへと波及し一定の成果を得た。

が、その後、社会はバブル経済崩壊と長い低迷期に苦しみ、地球上では、民族間・宗教間の対立と紛争が続き、アメリカを襲った9・11無差別テロ、中東の市民革命と独裁国家崩壊、東アジアの「領土」と「核開発」を巡る緊張状態、そして3・11東日本大震災と原発事故等々、矛盾と混乱は極限状態にまで達しているようにさえ思える。今頃狼子氏は、地下で愚かな人間を嗤い、あるいは天上から人類・地球そのものの敵であるにんげんどもに向かって「喝!!」を下しているのではなかろうか。

社会状況に対する憂憤、人間存在の苦悩などに対する狼子氏のメッセージ・書風は激烈であったが、一方で、普段の氏は、田園の片隅にいて人々の心に平安を与える詩聖、あるいは山中深く住み、迷える者・弱き者を東洋の仙郷へと導く隠者のごとき、やさしく穏やかなお人柄であった。酒と旅を愛した自由律の俳人・種田山頭火の句を多く書き、究極の東洋思想ともいうべき「荘子」の詩を作品化し、また「ここにこそ書は生きている」で無学な母親の手紙の文字、無名の書き手や子供の文字にまで暖かな眼差しを向ける姿は、社会批判や風刺とは対極にある「個としての新井狼子」の本然であり、作家としての原質であった。それこそが、多くの人を惹きつけ、影響を与える由縁であった。

この時期、私は狼子氏と多くのことを語り合い、多くの示唆を得た。

「雪中問答」を再録する。

2　雪中問答

以下、『霧の湯布院から――空想の森のアート&エッセイ』（海鳥社、一九九五）より転載する。

関東地方に、十数年ぶりという大雪が降ったのは、一九九二年二月初旬のことであった。その時、私は埼玉県戸田市の新井狼子師の画室をお訪ねしていた。その画室は、師の書画をはじめ、髑髏や発掘ものの壺、仮面や流木など、珍品・稀品で埋め尽くされていた。

「河童」という師の画集に描かれた凄まじい絵にひかれて、私どもの美術館で個展を開催させていただいたのはその数年前のことだったが、お礼を申し上げる機会を失していたので、遅まきながら、ほかの用事と併せて上京し、一日、戸田の地を踏んだのであった。

その夜、画室の隣の部屋に泊めていただいた私は、不気味な音に苦しめられた。何か巨大な生き物が、どしどしと屋根の上を歩きまわるような音が、明け方まで続いたのである。戦前に建てられたという古風な家は、ギシギシと骨を鳴らし、私を圧迫するのであった。それが、大量の雪が降り積もる音だったということは、朝になってようやく分かった。深い雪の中に、私たちは閉じ込められていたのであった。

足どめをくらった私は、狼子師と画室にこもり、二人だけで問答を交わすという思わぬ幸運に恵まれた。

「何といっても、子供の絵にまさるものはないのだよ。芸術、あるいは芸術家と称する者どもの作品ほど作為に満ちたものはない」

「子供の作品が無心の力を持っているということは分かります。だが、私たちは子供のままではいられない。子供の作品を、たとえば〝無為自然〟という言葉で表現するとすれば、芸術を志すものが一生をかけて精進し、その果てに到達した境地を〝練達自然〟と呼ぶこともできる。私たちはその〝練達自然〟という境地をめざすべきではないでしょうか」

「無為でも練達でもないものがすなわち〝自然〟なのじゃよ」

「うむむ……」

雪中問答は果てしなく続き、私は、ひととき東洋の仙郷をさまよう学徒と化したのであった。

3 「拙」の表現構造

新井狼子氏の画室を訪ねた雪の日から、先日の東京での大雪に遭遇するまでに二十年が経過している。その間、私は湯布院を去り、狼子師は異界の人となった。神楽通いを続け、神楽の絵を描き続けている私の画技が「拙」あるいは「素朴」のままなのか、「練達」の域に近づいているのかどうかは、分からない。

「大巧は拙に似たり」とは、古代中国の思想家の言葉だったか、あるいは日本の禅僧の言葉だったかは忘れたが、新井狼子著『―拙の表現構造―ここにこそ書は生きている』（六文舎、一九八二）を見ていると、この言葉が自然に思い出されるのである。

狼子氏はこの書で、画家、文学者、禅僧、書家などいわゆる一家をなした達人たちの書と併記するかたちで、子供の書や無名の主婦・老婆の手紙、作者不明の断簡などの文字を掲げ、これら無心の書にこそ芸術の核心があり、「そこには優劣、巧拙、強弱などの批判を許さぬ絶対がある」と説いたのである。

私は「神楽の絵」を描く行為を再開している。二十五年ほど前、神楽に通い始めた頃に一時描いていたが、一瞬の間に変化してゆく神楽の動きを捉えるのは難しく、登場する仮面神の性格も、神楽の舞の意味も分からないままに描くことに限界を感じ、中断していたのである。それから年月を重ね、神楽のことが少し分かり始めてきた。それで、いざ、とばかりに筆を採ったのだが、やはりできない。

なぜか。私は自問を重ね、単純な一つの結論に達した。それは、「修練が足りない」という一点であった。たとえば、運動選手が厳しい練習の積み重ねの上に美しい競技の華を見せてくれるように、あるいは音楽家がその腕の筋肉を逞しくするほどの練習のもとに美しいメロディーを奏でるように、画家もまた、鍛錬を重ね、その先にある「拙=自然」の境地に到達するものである。

このことを確認した後、神楽シーズン（毎年十一月末から二月初旬まで）に通算一季一千点程のスケッチをした。いずれも現場に通い、夕刻から朝まで描き続けるのである。つまり、私は近年の七年間はほぼ毎週、厳冬の九州脊梁山地の村におり、徹夜で神楽を観、絵を描き続けたのである。

新井狼子氏、洲之内徹氏、宇治山哲平氏、平野遼氏。私が影響を受け、その画作の態度や絵画理論、美意識などを学んだ人々は、いずれも異界の人となった。私は、自問を繰り返し、自身で自作を評価し、判断を下さなければならない。

私は「由布院空想の森美術館」の設立時に、大半の自作を燃やし、アマチュア画家としての自分に決別した。歴史的な作品や他人の作品を見分け、判断を下す美術館の館長という立場に立つ前提として、まず自作を処断したのである。

だが、その時期はすでに通り過ぎた。私は神楽に出会い、「描く」という行為を再開したのである。

さて、このような観点に立って自作を見ると、「巧」と言えず、「拙」のままであるとも言えない。その中間にある一作と言えようか。ただ、「神楽」の後半（深夜から夜明けにかけての時間帯）に訪れる神と人とが一体と化す瞬間、あるいは「神楽」そのものからも離れた無心の境地のようなものは体験した。一枚の小品が、そのような土台の上から得られたものであるとすれば、今こそ、狼子師の識見に委ねてもいいかもしれない、と思う。

4 「白隠」展にて

電車の中で、不思議な少女を見た。
襤褸《ぼろ》をパッチワークしたジーンズ生地の短パン＋銀色のスパッツが妖しい色気を放っており、就中《なかんずく》、その短パンの端から覗く太股は、車中の男性諸氏の視線を集中させるに充分なるものであった。靴は極端な上げ底で、彼女本来の身長を著しく偽るものである。上着は、ふわふわのピンクのフリース・ジャンパーであるから、寒波襲来の予報が出ている東京都内を歩く覚悟の服装というよりも、厳冬の冬山に向かう「山ガール」ないしはノルディックスキー選手の装備を思わせた。髪は光沢を持った水色。水泳選手のゴーグルのような眼鏡、衣笠茸《きぬがさたけ》の形をした毛糸の帽子。

この少女こそ、当節流行のポップ&サイケ・スタイルというファッション（「クセになる気持ち悪さが詰まった」と形容されるらしい）を具現化したものであり、いうなれば、草間彌生サンや村上隆氏などをその象徴とする、ポップアートや現代美術、マンガ、アニメ、フィギュアアートなど、二十一世紀初頭の日本を原色で彩るアートシーンの一つと言うべき現象であろう。

私がこのような感想を抱いたのは、渋谷の「東急BUNKAMURA／ザ・ミュージアム」で開催中の「白隠展」へ向かう途中だったからである。白隠展のポスターやチラシ、電車の吊り広告などには、白隠作の禅画「すたすた坊主」や「布袋」、「於福」などのいわゆる「瓢逸」を眼目とする人物たちが多用されており、そこには、主催者、企画者、アートディレクターなどの上記アニメ・フィギュア路線にあやかろうとする意図が明白に現れている。そのコマーシャルに乗って、表記のフィギュア少女たちが大量に会場に押し掛けているのではないか、と私は危惧したのである。

白隠慧鶴《はくいんえかく》は江戸中期（一六八五―一七六八）の禅僧。日本臨済禅中興の祖といわれる。生国は駿河国原宿、東海道に面した問屋の家に生まれたという。幼少期に仏道に興味を持ち、十五歳の時、郷里の松蔭寺で得度。以後、各地の寺で修行、行脚の旅を重ねる。三十二歳の時、松蔭寺に帰り、これを契機として「禅録」を講じた。『碧巌録《へきがんろく》』、『臨済録』、『虚堂録《きどうろく》』、『四部録』、『寒山詩』等々の講義には多くの僧俗が集まったという。著書（講録）にも『槐安国語《かいあんこくご》』、『語録』、『遠羅天釜《おらてがま》』などがあり、その博学・博識は尽きるところがなかったという。

一方、多くの墨蹟・禅画を残した。田園の片隅（あるいは山寺か）に住み、訪れる人々に書画を書き与えた。それもまた禅の教化の道であった。酒を求めて里に下る「すたすた坊主」の飄逸な姿こそ、白隠の自画像とされる。が、庶民に酒代として与える書画の他に、弟子、禅僧、大名にまで膨大な数量のメッセージ（説法）を手渡したのである。宗教家・布教家としての顔と愛すべき酔っ払い和尚という二面性。これが多くの人に受容され、現代に至るまで愛好されてきた白隠の姿であり、作品群の魅力であろう。

ところで、私は、白隠の二点の作品だけを観たくて、この展覧会へ出掛けてきたのである。解釈や解説は評論家・研究家諸氏による図録・研究書に任せて、会場に入ることにしよう。

そのうちの一点とは、「動中工夫」。

「動中の工夫は静中に勝ること百千億倍」という禅語。白隠の常套語であるという。書福の中央に「中」という大文字が、その中心線を一直線に紙面全体に書き下され、その右脇に小さく「動中工夫勝静中」、左に「百千億倍」と書かれているだけであるが、その気迫は他を圧倒する。この展覧会に出品されていたものと同類の書幅を、国立博物館だったか、出光美術館だったかで以前見たことがある。華やかな琳派の作品や古九谷、鍋島、古唐津などの古陶磁を観た後、館の常設コーナーの片隅に展示されていたものを観たのだが、これは書であり、絵画でもあり抽象作品でもある、と私はその時に思ったのだ。

今展の出品作はその時観たものより少し穏やかな印象だったが、やはり、観ることができてよかった。「中」の

諸塚，戸下神楽の日

中央線の下部のかすれ具合とスピード感が無類である。一本の線に作者の人生・人格が宿るとすれば、これこそがその好例であろう。

もう一点の「唐渡《からわたり》天神」は、古美術オークション「古裂会」の図録で観た。数多く描かれた白隠得意の画題の一つであろう。学問の神である菅原道真が唐の国に渡って学んだという伝説に基づく。一筆書きで書かれたような簡略化された線の中に、「南無天満大自在天神」という九文字を組み合わせ、顔と手に持つ梅の花だけを写実的に描いた異色作である。ここには見事に抽象化された宇宙と優れたデザイン感覚がある。九州脊梁山地の諸塚村・南川神楽と戸下神楽には、梅の花を背に負って降臨する「天神」がある。私は「神楽」の絵をこんなふうに描けないかと思った時期があるが、到底及ぶ境地ではない。

お目当ての二点に対面したら、私はすぐに退出するつもりだったが、会場には、さすがに目を引く作品が出展されていた。黒地に赤が強烈な印象を与える「半身達磨」、墨一色で一気呵成に描かれた「横向き半身達磨」、笠を背負った「大燈国師」などは圧巻で、「すたすた坊主」、「毛槍奴立小便」、「傀儡師」、「びゃっこらさ」などの戯画も文句なく面白い。「徒然草」の作者・兼好法師を皮肉った「吉田猿猴」は、猿に見立てられた吉田兼好が木の枝に吊り下げられた書幅に文字を書いている図で、愉快である。おせっかいの語源という味噌を混ぜるへらにおしゃべりなミソサザイが止まった「切匙《せっかい》みそさざい」、大胆に擂り鉢だけが中央にでんと描かれた「擂鉢」、大らかな宝物が詰まっているか、またはその中が空洞かもしれない「宝槌」、呑気者に見える竜が巻きついた「鉄棒」に至って、その軽妙飄然たる風姿が極まる。

飄逸とは、権力や社会体制に対するアンチテーゼ、すなわち風刺と反骨を包含する。そしてこれらの作品が、白隠晩年の八十歳前後のものだと知れば、一見「拙＝自然そのもの」に見える作品が、画家（禅僧、宗教家、思想家を含む）の生涯の研鑽と思索の果てにある到達点だということがおのずから分かるのである。

展覧会場には、当初懸念された不思議少女は見当たらず、静かに、また熱心に作品と対峙する鑑賞者が多く、私を安心させた。白隠作品の持つ底力が、現代社会・美術界の浅薄な意図などは一蹴したと言うべきであろう。

五　行き逢い神

1　山本勘助所用の兜とすれ違ったこと

「空想の森美術館コレクション」と銘打った企画が掲載された「古裂会カタログオークション」第57号・特集Ⅲ（二〇一〇年十月発行）の表紙と巻頭には、「山本勘助所用の兜」が掲載されている。実は私は、この兜と一瞬の間だが、すれ違っている。そのことを記す前に、山本勘助とこの兜に関する解説を同書から引用しよう。

山本勘介所用の兜として一九六〇年に開催された「謙信と信玄展」に出展されたものは、以後、半世紀にわたって所在が不明であった。

山本勘助（生誕不詳～永禄四・一五六一）は武田信玄（大栄元・一五二一―天正元・一五七三）に仕えた軍師。信玄に勘助ありと評価されるが、歴史的には実在そのものが疑われていた。が、近年に実在を決定する文書が発見され、疑問は霧消した。

勘助が武田信玄に仕えるまでの経歴には諸説が知られる。勘助の活躍を如実にする『甲陽軍艦』によれば、天文十二年（一五四三）に出仕したとされ、信玄に多くの策を献じて名軍師と称えられた。永禄四年（一五六一）の第四次川中島合戦において落命と記される。

兜は、鮑《あわび》の形に打ち出した片貝二枚を中心の鎬筋でつなぎあわせ、二枚貝のごとく左右対称に形を整えている。正面の左右に、梵字の種子二つを金象嵌し、後正面の左右には大きな猪目を飛雲とともに銀象嵌する。眉庇にも雲中に双龍を銀象嵌するほか、鎬筋にも銀象嵌の飛雲を施している。（略）

正面左右の梵字については、右を釈迦・法華経・准胝観音のバク、左を大黒天・孔雀明王・摩利支天の「マ」の種子と判断される。井上靖著『風林火山』によれば、勘助は摩利支天信仰を、生涯にわたって護持したという。（略）

鮑は石決明と呼ばれ、眼病の治療に使われ、目のくもりをはらう貝と信じられた。古くから朝廷に献じられ、伊勢神宮の神饌にも熨斗に加工して供されるなど特別な扱いが知られる。疱瘡病よけに鮑の殻を家の門に掛けたほか、美濃では妊婦が鮑を食べると目の良い子が生まれると信じられた。

山本勘助は「色が黒く、片眼で跛だった。片目は疱瘡で失った」と『風林火山』は記す。映画などで、勘助が着ける眼帯が鮑の貝殻であることも偶然の符牒とはいえない。

武田信玄の戦法は、「孫子の兵法」に重きを置いたものであると考えられ、それを献策したのが山本勘助であっただろう。

天文十（一五四二）年、信州・諏訪を制した武田信玄は、続いて佐久に侵入、ほぼ佐久の全域を制した後、最後の砦である志賀城攻めにかかった。志賀勢は頑強に抵抗したが、武田軍は、その周辺の戦で討ち取った大将格十四人（あるいは十五人ともいわれる）、雑兵三千人の首を志賀城の周囲にずらりと並べた。これにより、志賀勢の士気は一気に衰え、ついに城は陥落した。資料的にはこの戦に勘助の姿が見当たらないというが、戦法を進言し、それを行ったのが信玄軍であったのだろう。軍師が、常に戦の最前線にいるとはかぎらない。この戦では、勘助は後方にいて戦の経緯を観察しているか、あるいは次の攻略地に向かい、工作を行っているなどの行動をとっていたのであろう。

敵方の首を城の周囲に置いて戦意を喪失させるという戦法は、「孫子の兵法」によると思われる。古代中国で完成された「孫子の兵法」は日本にも渡来し、中世から戦国時代の戦争では盛んに応用された。古代中国における戦争では、討ち取った敵将の首を竿、矛、槍などに取り付けて進軍するという戦法が用いられたらしい。「孫子の兵法」とは古代中国（春秋〜戦国時代）の人「孫武《そんぶ》」とその子孫「孫臏《そんびん》」によって完成されたとされる。孫武は古代の戦跡や戦記・伝承などを調査し、記録した。その詳細なデータをもとに孫臏が軍学としての「孫子の兵法」を完成させたと見られている。

古代中国（商時代頃、約三千年前）には、すでに戦闘で得た異民族の首を持ち帰り、都邑《とゆう》の門などに懸けておくと呪力を発揮し、邪悪な力を退けるという考え方が確立していた。古代文字の「方」や「邦」は、「国」を表すが、「方」とは横木に屍体を懸けたもので国の境を意味する。人の首を逆さに吊るした「県」も同様の発想であり、方も県も「ここからはわが国である、外敵は入るな」という警告であるという。

このような事例を引いたのは、南九州には「群行する仮面」と呼ばれる仮面群があり、いずれも、仮面が矛に取り付けられ、祭礼行列を先導する事例が多く見られるからである。あるいは、群行することそのものが、「王の御幸」と位置づけられているものもある。古代中国から伝わった「首」を「仮面」が代替し、呪力を持って地霊・悪霊を払うという儀礼が、南九州の祭りに残存しているのではないか、と私は考え続けているのである。これらの祭礼に登場する南九州の「王面」、「火の王・水の王」などは、現存する民俗仮面の中で最も古い部類のものが多数見られる（文字の起源と仮面祭祀については『白川静著作集』、宮城谷昌光『太公望』を参照）。

山本勘助の兜と仮面祭祀発生の源流部とを関連づけて考えてしまった。今はまだ学問的な考察とは言えないが、いつか、どこかでこの推理を定説として証明してくれるような資料に出会うような気がしてならない。

さて、この勘助所用の兜と「すれ違った」のは、あるコレクターのもとであった。訪ねた時は地元のオークション出品のための準備が進められているところだったが、私は従前、武具甲冑の類は無縁のものと決めているので、資料の写真だけを撮らせていただき、実物を見ることもせずにコレクター宅を辞した。このようなすれ違いのエピソードは、釣りにおける「逃した魚は大きい」に類似し、さほど珍しいものではない。

珍重すべきは、その後の経緯である。

この二カ月ほど後、「古裂会」の森川氏がお見えになった。その時、諸々の話の接ぎ穂に、

「ところで、先日、山本勘助所用の兜が出ましたよ。ただし、それは出品されたオークションで落札されて、今はまた行方知れずとなっていますが……」

というようなことを私が述べると、森川氏は、あっ、と飛び上がるような所作をして、

「それです！　私は、その勘助の兜を追いかけて、今、こうしてここ九州にいるのです」

と仰ったのである。

この瞬間、私と古裂会・森川氏の距離感が一気に縮まった。その後、森川氏の追跡は成功し、勘助の兜と「空想の森美術館コレクション」が同一のカタログに掲載されるという重複も見せた。これもまた思いがけない交錯であった。

2　モノ・ヒト・記憶・記号

以下、「古裂会オークションカタログ」より転載する。

モノはヒトとともにあり、ヒトはモノとともにある。

高見は、由布院に「空想の森美術館」を経営したが、二〇〇一年に閉館し、宮崎県西都市（西都原古墳群の近く）に「九州民俗仮面美術館」（以下、仮面館と略す）を開設して今日に至っている。仮面館で十年が経過した。

森に囲まれた仮面館に棲み、春になれば深い谷を降りて山女魚を釣り、山菜や木の実を摘んでは「花酒」「薬酒」を漬ける。仙人の暮らしぶりである。

高見はこのように晴釣雨読をつづけながら、山と森の精霊に仮面神の原像を追って山深い神楽の伝承地を訪ね、神楽の夜を村人と共にし、神楽の里の闇に仮面神を感じるのである。

今回の催しは、その後の高見の活動報告であり、高見の風狂をのぞき見る機会でもある。空想の森コレクションは、高見の多彩な交友や活動を反映して時空にとらわれず、土俗面・神像・仏像・古漆器・縄文・唐津・薩摩・琉球・伊万里・豊後南画などの古器物から現代絵画・小鹿田などの新作まで多岐にわたる。まさに自由を謳歌している。豊後南画は高見の活動するフィールドの原風景として撰品を信頼して委ねたジャンルだが、このような特殊を除けば、高見の眼による撰品にほかならない。多くの作品に共通するのは、それらが高見の暖かく優しい視線に包まれているということではないだろうか。

モノには言葉とは別の記憶機能が付帯されている、と私は確信する。否、モノは記憶をさせられている。記憶させられる宿命をもつのがモノだと言い換えておこう。ただし、この機能は、誰にでも蓄えた記憶を提供するものではない。そこが厄介なのだ。

高見は、彼が命名した「九州の民俗仮面」の記憶装置を、二十余年をかけて開放した。こじ開けてしまったというべきかも知れない。溢れでる記号をつなぎあわせ、読み解きするのである。が、翻訳は簡単ではない。生命体としての残された時間、想定される持ち時間に翻訳が完了しない場合を想定したのだろうか、高見は中学二年の近所の男子を手元において、弟子としての教育をはじめた。まずは山女魚釣りと山料理の伝授だ。いずれにしても、何人も感じることのなかった領域に高見が達してしまったことだけは確かである。判読の了えた部分は、明瞭な言葉となって吐き出され、活字化をはじめた。（下略）

以上の文は古裂会カタログに掲載された同会主宰の森川潤一氏による。このカタログ中には、他にも出展作に関する解説など魅力的な文がある。販売戦略の一環と観察しても、すぐれた文であり、古物・骨董を描く文体としては格別である。ちょっと真似したい誘惑にかられるほどだが、逆立ちしてもこのような文は私には書けないだろう。教養の差と資質の違いと言うべきか。

この古裂会のカタログオークションは、従来見られなかった骨董売買の手法で、私は大変相性が良い。以前から注目し、何度か古い仮面を入札して買ったこともある。特に初期の能面と思われる「黒い女面」や「閉眼の王」と名づけた目を閉じた「王面」など、貴重な仮面を入手したのも、この古裂会のオークションからであった。

「九州民俗仮面美術館」外観

全国から「骨董、コレクションを売りたい」という出品者を募り、そのコレクションをカタログに掲載し、カタログを見た客が入札をして欲しいものを入手するという方法は、これまで、「骨董業界」というブラックマーケットで価格が決定されていた美術品・骨董品を、公開されたマーケットで展覧し、売り手も買い手も両者納得の価格で取引が成立するという、フェアな売買形態である。もちろん、出品される商品には、厳しい古裂会の審査の目が光り、入札最低価格が設定されるため、真贋をめぐるトラブルや出品者が大損をするという危険性などは極力排除されている。これにより、プロ・アマはもちろんだが、これまで骨董の取引に参加していなかった多くのコレクターや市民愛好家などが参加して、活況を呈しているのである。

種々の魅力的な特集が組まれるカタログの上での入札の他、古裂会本社画廊や特設会場などでの展示も企画されて、現物を手にとって確認できる仕組みも確保されていて、安心である。新しい形態の骨董・古美術マーケットが開拓されつつあることを、私はひそかに喜んでいるのである。

森川氏が、わが「九州民俗仮面美術館」を訪ねて下さったのは、二〇一〇年春のことだったが、同じ世代で、共に同時期に骨董業を営んだ経歴を持つ二人は、たちまち意気投合した。森川氏は一九七〇年代後半頃、京都の周辺部にあたる土地で小さな骨董屋を始め、田舎廻りの買出しを主に営業していたという。その頃、京都市内に店を構える多くの業者が氏の店へ仕入れに来ていたというから、当時から目利きとして通っていた人であろう。同時期、私は湯布院の町の寂れた通りの一角で店を構え、古伊万里の食器や古裂を扱い、後に仮面や民俗資料と出会って「由布院空想の森美術館」(一九八六―二〇〇一)の開館に結びついた。以後、骨董業界とは一線を画した。森川氏も、「バブル」と呼ばれた骨董業界狂乱の時代には「山にこもっていた」という。どうやら、傾きかけた由緒ある神社の再建を手がけていた模様である。

3　三十年を経て再会した「弘仁仏」のこと

前出の「古裂会カタログオークション」第57号・特集Ⅲの企画では、東京丸の内・丸ビル七階の「丸ビルホール」が特設の展示会場となった。

このカタログ・オークションは、綿密に編集された重厚かつ鮮麗なカタログによって取引が遂行されるが、紙面上の判断だけではなく、本社画廊や提携画廊、美術館などの特設会場に実物が展観され、そこに出かけて実際に手にとって確認し、入札を実行できるシステムを併用していることも、魅力と信頼感を構築することに役立っている。

骨董の取引には、真贋、新旧、疵や補修の有無など、常につきまとう負の一面があるが、「自分の眼」で確認したものであれば、仮に思惑が外れた場合でも、それは「骨董修行」の一環として得心できるものである。

私も、前出の九州の仮面「閉眼の王」を入手した時は、実際に京都の会場にまで足を運び、

「これは九州の王面である。なんとしても九州に連れ帰らねばならぬ」と確信し、決意して入札したものである。

丸ビルを訪ねた日は、東京駅からビルへと向かう並木の黄葉が始まり、その深い緑、樺色と黄色などの色彩が、近代建築の粋を集めたビルの壁面に映っていた。

丸ビルという、本来ならば、無縁の世界と思っていた空間で、自分の蒐集したものが展示されるという未体験の感覚に身を委ねながら、会場に入ると、森川氏をはじめ正装した古裂会のスタッフが丁重に来客を迎えていた。

その時、会場の入り口正面にずらりと展示された仏像群の中の一つから、きらりと一筋、鈍い色の光が発せられたような気がしたが、まずは挨拶をすませ、自陣（すなわち「空想の森美術館コレクション」のコーナー）へと向かった。はるばる九州から遠征してきた「同志たち」は、圧倒的な数量の武具甲冑、日本画家・小林古径の収品、茶器、漆器、陶磁器、書画、古器物類等々の「これぞ骨董」という品々に伍して決してひけをとらぬ一角を占めていたのが安心であった。

会場を一巡し、スタッフとの名刺交換や来場者への対応、出品作の鑑賞などと忙しい時間帯が過ぎ、ようやく一息ついた後、正面入り口へと戻った。すると、あの、最初に気になった鈍色の光、または暗闇の向こうから発せられた信号のようなものが、再び私を撃ってきた。

それが、「弘仁仏《こうにんぶつ》」であった。「弘仁仏」とは、平安時代初期に作仏された一木彫成の仏像で、オークションカタログの解説には、

「晩唐様式を顕著にし、「弘仁仏」または「貞観仏」の俗称を持つ。魂を彫りだして力強い像姿は、後代にその様式を復活させることがなく、神懸かりの時代の作仏の末裔を観念させる。一瞥すると、真っ先に「試みの大仏」の愛称で知られる東大寺の釈迦如来像を思い出す。法量的にも近似しており、視線を極端に身近に向けており、いわゆる猫背の姿勢もその特徴のひとつである。彩色の痕跡もなく、欅を用いるなど、神像彫刻に連なる霊木彫

刻の可能性も想起させる」

と記されている（筆者要約）。

鮮明に甦ってくる記憶があった。

それは、今から三十年以上前のことだが、この「弘仁仏」は、空想の森美術館建設工事の着手後一週間目に亡くなった、T氏の部屋にあったものだ。T氏は同美術館のオーナーになるべき予定の人で、その蒐集ぶりがようやく知られ始めた新進のコレクターであったが、持病の喘息の発作のため急逝した。その経緯を短縮して述べると、当時、氏が建設を予定していた療養施設の企画・コーディネートを私が担当し、その施設を「由布院空想の森美術館」とすること、T氏がオーナーで私が館長として運営すること、展示品はT氏蒐集のものとすることなどが大筋で合意されていた。そして、開館の暁には、この「弘仁仏」が正面を飾る予定であった。だが、T氏は帰らぬ人となり、膨大な収集品とともに、この「弘仁仏」も売却されてしまったのである。

その後、私が全責任を持って空想の森美術館の経営にあたり、十五年間運営を続けた後、閉館した。その閉館後、十年を経て、この古裂会のカタログオークションで「空想の森美術館」という名称が復活し、その展示会の初日に、私は「弘仁仏」と再会したのである。解説にある特徴はもちろんのこと、玉眼の失われた空洞部分、姿形や小さな傷跡にまで見覚えがあった。弘仁仏は、さまざまな経緯を経て漂泊を続けたものだろう。そして今、ここにこうして姿を現したのだ。

私はその時、T氏がこのようなかたちで会いに来てくれたことを確信した。そして、同行者にその経緯を知る者がいたので、そっとそのことを告げると、連れは、大きく眼を見開き、一瞬、顔色が白くなるほどの驚きを示したが、すぐに俯き、仏像の前で長い間、手を合わせていた。

民俗学では「行《ゆ》き逢《あ》い神《がみ》」という神の存在が報告されている。行き逢い神とは、山の神と田の神が春秋に交替する時にすれ違う場所、あるいは神霊や動物霊、悪霊などと山中ですれ違い、災いを受けることなどをいう。能楽の式三番では、白い翁と黒い翁がすれ違いざま、問答をする。白い翁は王家の祖先神、黒い翁は土地神と私は解釈している。

「勘助所用の兜」も「弘仁仏」も、古裂会を介して私は一瞬、「行き逢った」のである。

この「弘仁仏」については、他にも凄絶と言えるほどのエピソードがあるが、それは骨董にまつわる裏話でもあり、この仏像はすでにこの回の古裂会カタログオークションで落札されて新しい所有者の手元へと渡っているので、これ以上の公開は礼を欠くものとなろう。

六　京橋伝説そして人形町散策

1　京橋伝説　「アーートスペース繭」のこと

東京・京橋にある画廊「アートスペース繭」で、私は通算二十年にわたり企画展を開催させていただいている。とくに、「由布院空想の森美術館」を閉館して湯布院を去り、宮崎へ拠点を移してからは、「繭」での企画展の「売り上げ」で生き延びてきた、と言っても過言ではない。湯布院の町で小さな骨董屋を開いた頃から空想の森美術館時代へかけて集めた「ものたち」を、一年ごとにテーマを変えて出品し、やりくりを続けてきたのだ。

「アートスペース繭」での二十年間は、「もの」と語らい、「もの」を愛する良き「見者」との出会いの場でもあった。画廊主の梅田美知子さんの人柄を慕って集まってくる魅力的な人々は、コレクターであり、一級の審美眼を持つ鑑賞者＝見者でもあったのだ。

「アートスペース繭」は、日本橋の骨董屋街をぶらぶらと歩いて来て、京橋の角から銀座の画廊街へと右折する、ちょうどその曲がり角にあって、目を引く。通りがかりに立ち寄ってくれる客もあるが、多くは常連客である。一日中、画廊の中にいて、来客と会い、旧交を温めたり、展示された作品について語ったり、神楽の話をしたりする。そして、時々外に出て、京橋界隈や銀座の裏通りを歩く。それもまた魅力的なひとときである。

ビルとビルの間に青空が覗いていたり、「京橋」の地名の由来となった橋の跡（現在はその上を都市高速が走っている）、江戸時代から続く箒屋さんや、クラシック音楽を聴かせてくれるカレー屋さんなどがある。通りを一本隔てて「銀座湯」という銭湯や、門灯は点灯しているが店が開いていることも客の姿も見たことのない骨董屋さんなどもあって、変貌する都市の姿と、古き良き時代の江戸の情緒、そこに行き交う人々の姿などを見ることができる。

二〇一五年の時点で、梅田さんが「アートスペース繭」をこの地に構えて十七年が経過したという。その間、私は合計二十回ほどの企画展でお世話になっている。

梅田さんとは、第一回の「伊豆高原アートフェスティバル」で知り合った。谷川晃一・宮迫千鶴（故人）夫妻が、私が湯布院町で行った「アートフェスティバルゆふいん」を引き継ぐかたちで開催し、以後、地域美術展の草分け的存在となった「伊豆高原アートフェスティバル」に梅田さんも参加していたのである。湯布院から駆けつけた私たち一行の宿泊施設となったペンションに飾られた圧倒的なアフリカの布を通じて、たちまち私たちは仲間となり、以後、二十五年近く交流が続いたのである。

その後、私は湯布院を離れることになったが、梅田さんは変わりなく付き合いを続けて下さり、多くの企画を実現させて下さった。私は、「アートスペース繭」と梅田さんの存在により、湯布院でのアート活動に繋がる仕事を継続することができ、多くの作家、支援者、友人たちと交流を続けてくることができたのである。

梅田さんは当初、アフリカの布に魅せられ、さらにアジアの布や日本のフォークアートにまで視点を広げ、現代のクラフト作家・画家の展覧会も積極的に開催し続けてきた。私と同じように、この場を拠点とし、またこの場から育っていった作家も多い。

かつて私は、銀座の裏通りにあった「現代画廊」に通った。故・洲之内徹氏の人柄に魅了された画家や作家、収集家、美術評論家などが集った「現代画廊」は、日本の戦後美術史の一面を記録する拠点となったが、洲之内氏が亡くなり、「現代画廊」が消えてからは、「アートスペース繭」こそがその役割を果たしてきたのだと言うこともできる。「布」や「襤褸《らんる》」がアートとして取り上げられる時代が到来し、現に開催中の「東京アートアンティーク」と題された企画は、日本橋、京橋、銀座の画廊、古美術店、百貨店などが参加したストリート・ミュージアムである。新しいアートの波の只中に「アートスペース繭」もあり、梅田さんの仕事が時代を拓く仕事の一翼を担っていると言っても過言ではない。

こんな話を私がすると、梅田さんは

「そんなだいそれたことは考えてない。わたしは〝京橋の母〟と呼ばれることもあるのよ」

と言って明るく笑う。

そういえば、「アートスペース繭」を訪ねて来る客には、展覧会を観に来るというよりも、梅田さんに会いに来る、梅田さんの顔を見に来る、という人が含まれている。中には、人生相談や複雑な人間関係、家庭の事情などを打ち明けに来る人もいる。梅田さんの優しく温かな人柄がそのような画廊の雰囲気を育ててきたのである。しかしながら、梅田さんは硬派の感覚もあわせ持っていて、ご自分の眼に適わない企画は一切引き受けないし、3・11以後の原発問題・環境問題については果敢な発言をし、国会議事堂前のデモにも参加する。「社会」と「時代」を動かす「ことば」を発し、行動する人なのだ。

こんな梅田さんと「アートスペース繭」を取り巻く環境が激変している。二〇二〇年の東京オリンピックを前にした再開発ブームで、周辺のビルが軒並み取り壊されたり、立ち退きを迫られたりしていて、「繭」も例外ではないというのだ。

この話に、私の怒りは沸騰する。私が湯布院を離れることになった要因の一つも、谷川さんたちが「伊豆高原アートフェスティバル」を始めることになった契機にも、「土地」や「開発」などの問題がからんでいた。それから四半世紀を経て、またここにも「土地」と「金」を巡る問題に直面している人がいる。私が中学生だった頃に開催された東京オリンピックは、国家と国土と国民の心意の再生をかけた一大プロジェクトだったが、今回、行われようとしている東京オリンピックには、多くの疑義が提出されている。現代におけるスポーツそのものも、友好や友情を育む場というよりも、大国によるメダル獲得狂騒の舞台と化しており、金をかけた国こそ余計にメダルを獲得するというスポーツ本来の目的と美学とは程遠いものになってきている。

そのような競争＝狂騒を感動して見る人がどれほどいるだろうか。ささやかな市民の生活の場や文化の拠点を奪い、踏み潰し、「再開発」してたった一度だけのイベントにだけ利用するというプロジェクトには、どうしても賛同の気持ちは動かないし、そこに群がる政治家とブローカーの姿が透けて見えるという相変わらずの構図を市民はすでに見破っている。

薬缶の湯気のような怒りを私が発しても、梅田さんは、

「その時はその時でなんとかなるわよ」

と笑う。実際、ビルの所有者も、開発業者への売却はきっぱりと断ったという話も伝わってきた。この一帯でささやかな「繭」の一角は生き延びたのだ。それは朗報だが、これから近辺で巨大なビルの取り壊しが始まり、もっと大きなビルの建設が始まることは明らかで、いつまでこのままの状態で運営が続けられるかは分からないともいう。

会期が終われば九州へ帰ってしまう私にはなすすべもないから、せめて私は、梅田さんと「アートスペース繭」のこと、そして江戸情緒を残すこの界隈のことを「京橋伝説」あるいは「京橋記憶遺産」と呼ぼうと思う。誰かに呼びかけるのでもなく、どこかに登録するのでも観光客誘致のための旗揚げでもない。私たちの心の中の大切な場所に「記憶」として刻印しておきたいと思うのだ。「その場」がなくなっても、たとえ「主」がいなくなっても、屹立する一本の旗のようになおも存在し続けている「洲之内徹氏と現代画廊」のように。

2　人形町散策と洲之内徹氏のこと

この年（二〇一一）の「アートスペース繭」での企画展「南の島の古陶と精霊神」の期間中、私は日本橋のウィークリーマンションを借りて、そこから京橋の繭まで通った。

日本橋には老舗の古美術商が並ぶ骨董屋街があり、京橋の画廊群へと続く道を散策しながら会場へと通うのも悪くない、と思ったからである。繭は、京橋から銀座へと出る曲がり角に当たる位置にあり、骨董やアートを鑑賞しながら歩き、そしてほっと一息ついて立ち寄るのには格好の場所なのである。滞在したマンションの住所は、詳しくは日本橋富沢町だが、この辺り一帯が人形町で、行ってみると、そこは江戸情緒を今に残す古い町の中心部であった。地下鉄都営浅草線の京橋・宝町駅から二つ目の駅が人形町で、マンションはその人形町にあるのだった。

日本橋人形町とは、日本橋のほぼ中央に位置する地域で、江戸時代、歌舞伎小屋や人形芝居の小屋などがあり、当時、人形遣いが多く住んだことから名づけられたといわれている。遊郭「吉原」（元吉原）はこの人形町の東側辺りにあったが、俗に「振袖火事」と呼ばれる明暦の大火（一六五七年一月）で消失し、その後は浅草の浅草寺裏（新吉原）に移転した。人形町を歩くと、小ぶりで魅力的な飲食店が点在し、紐屋、布屋、食器店、茶の店、刃物屋、つづら屋という屋号の一閑張りの籠を扱う店、銅版葺きの屋根を乗せた家などがあり、和服姿の小粋なお姐さんが歩いていて、この地域が、江戸情緒を今に残す稀有な町であることが分かる。

人形町を歩きながら、しみじみと「懐かしい」感覚に浸ることができるのは、ここが時代小説の下町ものの舞台であり、馴染みの地名や町名が当時のまま残されていることにもよる。玄谷店《げんやだな》の近くには三光稲荷の古びた社《やしろ》があり、そこがどうやら元吉原のあった地点らしい。遊女は、もともと漂泊の芸能者であったが、徳川幕府の支配政策によって吉原に封じ込まれ、公認の巨大な売春組織となった。だが、吉原を束ねたのは、庄司甚右衛門などと呼ばれた「惣名主」とその支配下の闇のネットワークであった。彼らの身分は「非人」であったが、古来の遊芸者、芸能者、山岳宗教者や仏師・彫刻師・木地師などの技術者、忍者組織などとのネットワークを持ち、強力な団結力を保持していた。人形町が歌舞伎小屋や人形芝居の拠点であったことも、これらの組織網と密接に関連している。

古代の女性は、神を招き、神意を告げるシャーマンであった。天照大神は太陽神として最高神に位置され、「天岩戸」の前で神がかりして天照大神を招き出す舞を舞った天鈿女命《あめのうずめのみこと》はまさにシャーマンそのものであった。天鈿女命は後に「猿女君《さるめのきみ》」となり、宮廷の祭儀を司る職掌となった。猿女君の系譜に連なる女性シャーマンは、天皇の側に侍り、託宣を行い、歌舞を行ったが、次第に芸能化し、白拍子や遊女となった。人形芝居や傀儡子舞などの芸能者とともに遊芸の民となっていったのである。一見華やかな女歌舞伎や吉原の遊女などは、その凋落した姿であった。

「稲荷神」は、もともとは「山の神」であったが、その信仰形態は次第に里へと降り、「稲作儀礼」と結びついて庶民の信仰を集めた。さらに商売繁盛の神様として広く町人に信心され、屋敷神となって全国津々浦々に浸透した。人形町の三光稲荷も、もとは遊芸の民の信仰していた山の神がこの江戸の地に招かれ、定着したものであっただろう。今回、借りたウィークリーマンションはそのすぐ近隣地にあったから、私は、朝は通りがかりに一礼し、夕刻、帰る途中で参拝した。遊女たちのはかなくも切ない願いや祈りは、山の神へと届いたのだろうか。

3　人形町の赤い星

人形町を散策していて、洲之内徹氏（一九一三―八七）のことを思い出した。画廊主であり、絵画コレクターであり、卓越した美術エッセイで戦後の美術史に一ページを記した洲之内氏は、松山市に生まれ、松山時代に左翼運動に参加し、検挙される。一九三八年、中国に赴き、日本軍の諜報活動に関わった。このことが曲折した心理描写となって、後の美術エッセイに深い陰影を与える。

戦後は、小説を発表し、芥川賞候補に三度名を連ねるが、一九六〇年に田村泰次郎氏の経営していた銀座の「現代画廊」を引き継ぎ、次々と無名の作家を発掘して手腕を発揮した。一九七四年から死の直前まで、十四年間にわたって美術誌『芸術新潮』に連載を続けた「気まぐれ美術館」は多くの読者を獲得した。美術ファンや作家の間で神話的存在となった洲之内氏のことは前出。

ここまで書いて、ぶらりと散歩に出た。洲之内さんがよく歩き回り、「気まぐれ美術館」にもたびたび描かれた夜の人形町を散歩してみたくなったのである。三光稲荷神社の横を通ったが、写真を撮っただけで軽く一礼をして通り過ぎた。今朝、二礼二拍手の拝礼をして出かけたが、今日の営業成績がさっぱりだったので、少々、不貞腐れた気分だったのである。そういえば、駅へと急ぐビジネスマンや老舗の店の従業員らしき人は多いが、誰もこの小さな神社にお参りする人などいないではないか。そしてこの二〇メートルほどしかない神社の参道はビルとビルに挟まれた細道で、侘しく飲み屋の看板に照らされているだけではないか。

人形町交差点から大通りを水天宮前まで歩いたが、夜の人形町は、飲み屋や小料理屋のネオンがまぶしいだけで、あまり面白くはなかった。それで、コンビニで缶ビールを一本買って、飲みながら裏通りを引き返した。やはりこの町は、重厚な老舗の店舗とともに、百円ショップやスーパーがあり、忙しくビルを出入りするビジネスマンがいたり、出かせぎのおばあさんが道端で野菜を売っていたりする、生活感あふれる昼間の風景のほうが魅力的だ。帰りには、三光稲荷の前では少し丁寧に礼をした。考えてみれば、今朝、三光稲荷に拝礼をしたのは、昔、ここに参拝したであろう吉原の遊女や漂泊の芸能者に思いを馳せてのことであって、今日一日の営業成績アップを祈願したわけではないのだ。都会の片隅の、歴史からも世間の人々からも忘れられたような小さな神社にそっと一礼をして通り過ぎるほどの礼儀は失わないでいたいものだ。

上空のやや東寄りの位置に、大きな星が一つ出ていた。木星だろうと見当をつけて、ビルの谷間の暗がりに移動して、よく見ると、ほぼ真上に薄く光る星が見えた。それをたどると、一つ、また一つ、視界に入ってくる光がある。淡い星影が描く図形は、天馬ペガサスの四辺形であった。人形町の星は傀儡《くぐつ》子人形の眼のように、あるいは往昔の遊女の涙に潤んだ瞳のように、赤みを帯びてちかちかと瞬いていた。

洲之内さんの大森のアパートのことを書こうとしているのだが、なかなか辿り着かない。だが、私は洲之内さんの筆法を真似て回り道や道草を繰り返しているのではない。洲之内徹の「気まぐれ美術館」は美術随想でありながら、しかも当人は画廊主でコレクターでありながら、絵のことなどなかなか書かずに女のことや旅先で出会った人、郷里松山の悪口や中国大陸での諜報活動と表裏綾なす自身の心理などを延々と書き綴り、どこかでやっと本題に入る。するとそれが、画家本人のことや絵のこと、美術史との関連などと絶妙に響き合い、主題と洲之内徹の目論見とがすとんと胸に落ちて、実に見事に着地するのである。このあたりの呼吸を、当時、美術評論家の土方定一氏が次のように表現している。

「この洲之内クンというのは文学青年でね、文章がうまいのよ、だから変なことをぐにゅぐにゅぐにゅぐにゅと書いて、うまあく読ませてしまうのよ」

言い得て妙である。

＊洲之内氏は、「先生」と呼ばれることを嫌って、私たち青二才にも「さん」付けで呼ぶことを要望した。それにより、「現代画廊」に集まった面々の間に「仲間」あるいは「同志」のような雰囲気が醸成された。これにもとづき、本稿では尊敬と敬愛の念を込めて、生前どおり「洲之内さん」と呼ばせていただくこととする。

4 洲之内徹氏、大森アパートの一件

洲之内徹氏は人形町界隈や、隅田川の畔を歩き廻っている。「気まぐれ美術館」の主題の多くが、「転向」の痛みを抱いて闇を駆けた中国大陸での諜報活動や、隅田川に沿った下町に住む画家のこと、そこで暮らした「女」との情交などであった。連載「気まぐれ美術館」とその後単行本としてまとめられた『気まぐれ美術館』、『セザンヌの塗り残し』、『帰りたい風景』、『人魚を見た人』、『さらば気まぐれ美術館』などの著作のこともここでは記述を省く。没後二十年を経た今も読み継がれ、新たな読者を獲得しているという名随筆を、皆さんもぜひお読みになることをお奨めしたい。

私は幾つかの縁が重なって、晩年の洲之内さんと親しくお付き合いさせていただくことができた。他の美術評論は一切読まず、「気まぐれ美術館」を唯一の美術テキストとして、田舎の小さな町で美術修業を続けた私にとって、雲の上の存在だった人が、にわかに実在の人として眼前に現れ、佐藤渓という放浪の詩人画家の発掘を手伝ったり、画廊に通って多くの常連と一緒に美術談義に花を咲かせるという幸運に恵まれたのである。これらのことも、いずれ語ることもあるだろうが、ここでは、人形町を歩いていて思い出した、洲之内さんの「大森のアパート」に関する私の体験を記す。一部の人が書いたり語ったりしてすでに伝説化しつつある「鍵の壊れたア

パートとこそ泥」の話である。この事例は、洲之内さんと私の二人だけが遭遇した「事件」というほどもない些細な出来事なので、私が書くことが、最も事実に近い記述になると思われるのである。

佐藤渓という放浪の詩人画家は、一九一八年広島生まれ。一九三三年、川端画学校卒。戦争では中国北部を転戦する。一九四五年に召集解除となり、両親の住んでいた島根県出雲市に落ち着き、詩作にふける。一九四八年、三十歳の時に自由美術家協会展に初入選、翌年、推薦により会員に推挙される。この頃、麻生三郎氏、井上長三郎氏らと親交があったらしい。一九五〇年、京都の大本教に居候し、機関誌の表紙を描く。一九五四年、埼玉県川口市に住み、翌年からリヤカーを改造した「箱車」を引き、長期の旅に出る。一九五六年、東京荒川に住むが再び旅に出て、一九六〇年、旅先の沼津で脳卒中のため倒れ、両親のいた大分県湯布院に引き取られ、十二月三十日、四十二歳の短い生涯を終える。

洲之内さんはある時、「現代画廊」で麻生三郎氏と話していて、麻生氏の「俺は友人の佐藤渓という画家と、生前、お前の遺作展は俺が開いてやるという約束をしていて、まだ果たしていないのだ」という話を聞き、「では、僕がその展覧会をやりましょう」ということになって、遺作があるという湯布院へとやって来たのである。その前後の経緯は、本書五四ページ「湯布院を訪れた洲之内徹のこと」に記述。

「現代画廊」での「佐藤渓展」の期間中、私は東京で過ごすことになった。そのことが私に千載一遇の機会をもたらした。滞在先をまだ決めていなかった私に、洲之内さんが「僕の大森のアパートを使っていいよ」と思いがけない提案をして下さったのである。大森のアパートは、洲之内さんが戦後上京して晩年まで暮らした、いわば洲之内徹のアジトとも言うべきところで、「気まぐれ美術館」に何度も登場する主要な舞台の一つである。そのアパートに「泊まれる」なんて、まるで夢のような出来事ではないか。

洲之内さんに連れられ、古い木造の家などが立ち並ぶ路地の奥を入った所にそのアパートはあった。玄関に立つと、洲之内さんが、「あれっ」と小さく声を上げて首を傾げた。普段とは異なる状況が発生しているらしい。そして、なんだか他人事のように、「鍵が壊れている」と言った。なるほど、木造のドアに取り付けられた鍵は、それが鍵の役割をするとはいえないような、旧式の小さくて無造作なものだったが、それが壊されて、ドアが無理に開かれた形跡がある。急いで部屋に入ると、そこは、ぎっしりと絵や彫刻、その他雑多なものが積み込まれた倉庫のような空間だったが、それが「気まぐれ美術館」に描かれた珠玉の作品群すなわち洲之内徹が心血を注いで蒐集した「洲之内コレクション」だったのである。

部屋の中は、荒らされた形跡があった。「泥棒が入ったな」と洲之内さんは呟き、冷徹ともいえる視線で、入り口付近に立ったまま室内を眺め渡した。それは、中国大陸での諜報活動をした際の一場面を想起させる姿であった。林武、中村彝《つね》、靉光《あいみつ》など、戦後美術史を飾る作家の作品がそこにあることは、私にもすぐに分かった。だが、それらの美術品に異変は見当たらないようであった。

それから、洲之内さんは、靴を脱いで静かに室内に入り、仔細に点検を始めた。が、その行為はすぐに終わった。「何も盗られてはいないよ、不思議だな」と言いながら、洲之内さんの視線が部屋の隅の文机に向かった時、初めて異変を把えた。私はその間中、洲之内さんの行動を注視し続けていたので、当然、その場面では机の上に置かれている円空仏に目は引き付けられていた。洲之内さんは「引き出しが開いている……」と言って引き出しの中を調べ始めたが、すぐに、「小銭だけが無くなってる……」と言い、笑い出した。侵入者は、この頃はすでに高値が付くようになっていた洲之内コレクションの逸品には目もくれず、現金だけを盗んでいったものとみえる。私も、ほっと身体の力が抜けていくのを感じ、少し笑った。そして二人同時に、「こそ泥ですね、これは」、「こいつは本物のこそ泥という奴だな」と言い、爆笑した。

何はともあれ、被害という被害もなくて事は済んだ。私は近所の金物屋に行き、旧式の、逆U字型をした真鍮色に光る鍵とドライバーを買ってきて取り付け、「これでいいですか?」と後ろでパイプをふかしていた洲之内さんに確認すると、「うん、前のより断然、頑丈だ」と頷いた。

こうして、私はその聖域ともいうべきアパートに泊まった。別れ際に「昨夜までその布団には○○さん(女性作家。前日まで「現代画廊」で個展を開催していた)が寝ていたんだ。それでいいよね」と、わざわざ言うほどでもないことを言って、にやりと笑った。私は「では、今夜は良い夢が見られますね」と返してあこがれの空間を使わせてもらうことへの感謝の意を示したが、この部屋で数々の愛憎劇を繰り返した(それは「気まぐれ……」に何度も書かれた)洲之内さんの言葉は、妙に艶めいて聞こえた。

床には敷布団一枚分の平面があるだけで、ぎっしりと蒐集品が詰まった部屋であった。枕元に「気まぐれ……」の連載にも登場した円空仏があった。私はそれをそっと手で触り、静かに拝んで、眠りについた。艶夢は見なかった。

5 微笑仏　円空・木喰とその周辺

円空仏、木喰《もくじき》仏などに見られる微笑仏とその周辺の仏師のことについて書くつもりで、洲之内コレクションの円空仏について書き出したら、人形町のことや洲之内さんの大森のアパートに入ったこそ泥のことなどに話が逸れ、やっと円空まで辿り着いた。

人形町のウィークリーマンションはなかなか快適な部屋で、貸し出し用のパソコンを借りて「アートスペース繭」に出品中の骨董のことや人形町散策のことなどを書き出すと、つい、脇道に逸れてしまうのである。

前夜から書き継いでいた前項までの原稿を、ブログ記事としては長すぎるなあ、と思いながら送信して出かけたら、開廊時間に少し遅れて画廊に着いた。すると、すでに来客があり、茶を飲みながら、担当スタッフの脇田さんと談笑していた。その人は、画廊のオーナー・梅田美知子さんの従兄弟にあたる人で、一昨年、私の紹介で九州の椎葉神楽を見たことでたちまち神楽ファンとなり、以後、方々の神楽を訪ね歩いているということであった。孫娘だという可愛い女の子が一緒で、二人の神楽談義を大人しく聞いていたが、まもなく手をつないで画廊を後にした。その二人の姿を見送りながら、脇田さんが、

「あのお嬢ちゃんが、この微笑仏をすごく気に入って、さっきまで、一緒に写真を撮っていたりしていたんですよ」

と言った。

この企画展には、「微笑仏」と名づけた作品が一点、出品された。それは、ふくよかな顔に柔和な笑みをたたえた「山の神」と思われる黒ずんだ女神像である。九州脊梁山地・米良山系の神楽には、「磐石《ばんぜき》」という演目があり、黒い老女の面をつけた神が出るのだが、それが磐長姫《いわながひめ》信仰や山の神信仰と関連しながら分布している。この微笑仏は、磐石の面を思わせる造形なのである。

米良山系の山の村には、「大円」という仏師の彫った神像や神楽面、奉納面などが残されており、この大円作の神像や仮面にも類似の造形のものがある。大円は江戸後期の人だが、その作風から、「木喰」に連なる作家の一人であることが分かる。

木喰とは、「木喰上人」、「木喰行道上人」、「木喰明満上人」などと呼ばれる遊行僧である。「木喰」とは、山中に籠り、五穀絶ちすなわち穀物を食べずに修行する「木喰戒」を達成した修行者または仏僧のことである。木喰上人は江戸後期の人。「千体仏」の彫刻を発願し、全国を遍歴したが、天明八（一七八八）年から寛政九（一七九七）年まで日向国分寺に滞在した。この間、同寺が火災で焼失したことから、その再建に尽力し、巨大な五体の

「五智如来像」（西都市五智堂に現存）他、多くの仏像を彫っている。日向市平岩地蔵堂にも木喰作の地蔵菩薩が現存し、信仰を集めている。

円空についてここで紙数を費やす必要はあるまい。円空は木喰より一世紀ほど前の仏師である。「円空仏」と呼ばれるほどの個性的な彫刻様式を完成し、生涯に十二万体の仏像を彫ったと伝えられる円空の作風が、木喰に引き継がれたことは明らかであろう。私が洲之内徹氏の大森のアパートで頭上に頂いて寝た円空仏もその一つであった。

洲之内さんが連載中の「気まぐれ美術館」にこの円空仏のことを書いた時、真贋論を含めて一斉に賛否両論が寄せられたそうだが、洲之内さんはそのような批評など一切気にせず、自分の「眼」だけを信じて文を書き、画家と交友し、作品を入手した。「良い絵とは、盗んででも自分のものにしたいと思う絵である」と公言し、秘術を尽くして惚れた作品を手に入れるその執念はすさまじいほどだったが、それが作家との友情と作品への愛情を生み、独特の洲之内ワールドを形成したのである。

「アートスペース繭」の「南の島の古陶と精霊神展」に出品した「微笑仏」は、九州のあるオークションで入手した。日向国分寺にある地蔵菩薩と日向市の個人宅に伝わる木喰作の微笑仏を連想したからである。

会期中、この微笑仏を見た来場者の多くが、「これは円空ですか」とか「木喰仏ですか」とお定まりの質問をしてくるのに驚き、辟易していた。それで、この微笑仏を無心に手に取った少女の出現を清々しく思ったのである。

私は、この微笑仏は木喰本人の作ではないと思うが、木喰に連なる作家の作品に違いないと思い、最初からそのような表示をして出品した。古来、一人の優れた美術家が出現すると、その周辺には、弟子や追随者、模倣者を含めて多くの類似作品を作る作家が発生する。それにより、同時代を表現する「様式」が確立するのである。

そして、周辺作家の作品にも、良い「もの」は無数に生まれ続けるのだ。文化は、孤立した天才的な作家の作品だけで創られるのではない。

微笑仏と一緒に、笑顔で写真を撮っていたという少女の純真な目のような、あるいは、自身の眼だけを信じて収集した洲之内徹氏のような、率直に「もの」に対面する姿勢こそが、「コレクター」や「鑑賞者」が保ち続けるべき素養であろう。

6 洲之内徹氏が見た狛犬

こま犬。「狛犬」、「高麗犬」と表す。神社や寺院の参道や本殿・本堂などを守護する位置に置かれた阿吽一対の犬、または獅子の形態をした彫刻のことである。

飛鳥時代に仏教と共に渡来した。その源流は古代オリエントの王家を守護する獅子（ライオン）の像であり、西進してギリシア神話の獅子座の思想と合流、東進したものはシルクロードを経由して仏教思想と習合しながら、中国・朝鮮半島を経て日本へと渡ったものと考えられている。日本では、もとは獅子の像として置かれたらしいが、平安時代頃になると獅子と犬の一対、さらに「犬」だけの形へと変化した。ライオンを見たことのない日本人のデザイン感覚が身近な動物である犬をモデルに変容させたものだが、犬が、人間と親しい動物であり、仲間や家族などを守る習性を持つこと、隼人族が犬の吠え声（吠声《はいせい》）を上げて宮廷を守護した習俗なども影響した。「高麗犬《こま》」とは、「高麗の国からやって来た犬」とでもいうような意味らしい。

左ページ写真の中央二点が、洲之内徹氏が見た一対の狛犬である。鎌倉〜室町頃のものと思われる。

前述のように、仏教の渡来すなわち仏像彫刻とともに流入した獅子・狛犬の文化は、平安時代頃には定着し、やがて鎌倉・戦国時代頃になると八幡神社を主とした神社建築が盛んに行われるようになり、その神社を守護する狛犬、武神、守護面などが、建築と同時に制作されたのである。八幡神社や御霊神社は、制圧した先住民の霊を鎮める役割を持ち、先住民の祭祀儀礼はその祭祀の中に取り込まれた。この頃の狛犬は、まだ石彫ではなく、木彫であった。中世の木彫仮面の発生と木製の狛犬の分布は重複している。山地の狩人が、熊や猪と格闘して死んだ猟犬を「山の神」として祀る習俗なども反映されたかもしれない。

狛犬群像

洲之内さんが、二度目に湯布院へ来たのは、放浪の詩人画家・佐藤渓の作品を搬出するためであった。その時、洲之内さんは、古びたものを好む私が見ても驚くほどの、オンボロの、日産ブルーバードを自分で運転し、東京から宇部を経て、はるばる九州まで飛ばしてきたのである。

車体のあちこちがへこんで、マフラーからは黒い煙とスポーツカーのような爆音が轟く車に、斜めに身体を凭せ掛け、タバコの煙を空へ吐き、にやりと笑って、

「どうだね、僕の車も骨董の部類に入るとは思わんかね」

と洲之内さんは出迎えに出た面々に言った。古い、白黒のイタリア映画の一場面を見るようであった。すでに、車内には絵の入った額縁が相当数詰め込まれていた。その頃提携関係にあった宇部の菊川画廊での企画展で展示替えをし、展示を終えた作品を積み込んで関門海峡を越えたのである。それもまた松田正平の作品など「洲之内コレクション」の逸品だったはずである。

佐藤渓の作品を積み終えた後、洲之内さんは湯布院の町の旧街道沿いの私の店へ立ち寄って下さった。これも思いがけない成り行きであった。洲之内さんが、「絵画」以外のものに目を向けるとは私は思っていなかったのだが、考えて

みれば、「気まぐれ美術館」では、円空の仏像や海辺の「墓」のことまで書かれているのだから、その頃、「骨董」とは一線を画した「古民芸」というジャンルの品を扱っていた私の店は、洲之内さんにとっても興味の範囲外のものではなかったのである。

長い年月の風化により、両手両足が失われた数点の狛犬がある。彼らは、自力で立つことができない。本来の目的である山深い神社の本殿を守護するという役目は、とうの昔に果たせなくなっている。もはや親しい仲間でさえ彼の力で「守る」ということは不可能だろう。だが、一点のオブジェとしてこの狛犬を見る時、尽きせぬ魅力が彼の身辺に漂う。「風化」は、時間と記憶とを彼の内奥に刻印し、彼の故郷であるはるかなシルクロードの果ての、古代オリエントの空へまで、観る者をいざなうのである。黒潮打ち寄せる日向灘の海辺から拾ってきた石に「空」の一文字を書き、それを彼の顎の下に置いてあげると、この変遷を重ねてきた狛犬はたちまち穏やかな表情となって、私に安堵の吐息を吐かせた。

日本民藝館（東京・駒場）の元学芸員・尾久彰三《おぎゅうしんぞう》氏に『これは骨董ではない』（晶文社、一九九九）という一書がある。民藝館の創設者・柳宗悦なきあと、その思想や美学などを忠実に受け継ぎ、「貧好き（貧乏な数奇者）」を自他ともに認めながら収集を続けておられる尾久氏は、まさにコレクター魂の結晶とも民芸の申し子ともいうべき人である。その尾久さんが、「民芸」と「骨董」との混同を嘆き、怒りをぶつけたのがこの書物である。

民衆の使用した道具類、生活用具などに「美」を見出した柳宗悦の理論は、当時としてはまったく新しい美の観念であり、価値観の提示でもあったが、それがおよそ百年の時を経て、「骨董」として取り引きされるまで、経済的価値を高めてきたのだ。骨董業界の慢性的な在庫不足という事情もあるが、やはり、「そこに美神が宿る」とさえ尾久さんがいう「民芸という健全なもの」が、札束が飛び交い丁々発止の駆け引きが繰り広げられる「骨董」という妖しげでおどろおどろしい世界の中に引きずり込まれてしまうことに対しては、ひとこと、物言いを付けたい気持ちなのだろう。

ちなみに、尾久さんの手元にも、上記の仲間である狛犬が一体あり、座辺でのどかな風情を漂わせている。以前、京橋の「アートスペース繭」に出品したものを買い上げて下さったものだ。交渉が成立し、この猫かツチノコのように変容したチビの狛犬を大切に抱き抱え、連れ帰る時の尾久さんの嬉しそうな笑顔が、今も忘れられない。

——本物の「もの好き」がここにいると私は、その時思ったものである。

春の一日、一群の狛犬を「九州民俗仮面美術館」の窓辺に出し、並べてみた。穏やかな陽光の下で、彼らは肩を寄せ合い、山男たちが歌う山の歌でも歌い出しそうな雰囲気である。


今からおよそ三十年前、これらの狛犬を私の部屋で見た時、洲之内さんは、「いいねえ、これが、こんなふうに残されてきたということもまた、日本人の美意識の産物なんだね」と言いながら、丹念に測光し、旧式のニコンで撮影した。それが「モダンジャズと犬」というタイトルで「気まぐれ美術館」に掲載されることになるとは、その時は夢にも思わなかったが、私にとってその時間はとても幸福なひとときであり、古民芸・骨董というジャンルに身を置きながら、空想の森美術館の設立準備を進めるための「眼の規準」を確信した時でもあった。洲之内さんの眼には骨董とか民芸という区別さえなく、ただ「一点のアート」としてこれらの狛犬を見たのである。

その後、空想の森美術館が開館し、狛犬も展示品の仲間入りをして、コレクションの総数は三十点ほどに達したが、同館の閉館とともにその多くは散り散りとなった。いつの間にか狛犬は骨董業界の人気商品の一つとなり、売りに出せば、一定の価格で確実に売れるため、別れを惜しみながらも手放したのである。戦いに敗れた戦国の武将が落ち延びてゆく時、行を共にした侍たちが次々に討ち死にし、次第に手勢が減ってゆく時のような寂しさを私は感じながら、一点、一点と別れた。最後に残ったこの六点が、今も私を守ってくれている「同志」ということになるのであろうか。

7　小伝馬町十思公園の礎石

二〇一〇年の京橋「アートスペース繭」での企画展会期中は、日本橋人形町のウィークリーマンションを借りて、会場まで通った。人形町は江戸情緒を今に残す町で、洲之内徹氏の足跡が残る土地でもあったので、私は散策を楽しみ、そのことをブログで連載した。骨董、アート、釣り、染色など、日常の様々な出来事と由布院空想の森美術館時代のことなどを回想する連作エッセイとして書いたのである。

散策の折、小伝馬町十思《じっし》公園にも行った。そこも、洲之内氏がしばしば訪れて思索を巡らした所だったが、この土地にまつわる情報は多すぎ、そして重苦しいものでもあり、連載の「骨董」とはテーマが一致しなかったので、その時は書かずに終わった。

十思公園は、地下鉄小伝馬町駅から歩いてすぐのところにある小さな公園であるが、江戸時代には有名な伝馬町の牢屋があった場所である。伝馬町の牢獄に関する事例やエピソードは枚挙に暇がないが、安政の大獄で牢送りとなった吉田松陰もこの地で処刑された。園内には吉田松陰終焉之地碑や辞世の碑など、松陰に関する碑が立っている。静かな住宅地に囲まれた小さな広場は、昼間はサラリーマンの憩いの場となり、夜は、訪れる人も稀な暗がりとなっている。

さて、伝馬町の牢獄のこと、洲之内徹氏の追想などを書きたくて、私は十思公園に行ったのではない。公園の片隅にあった礎石をもう一度、見たかったのだ。

それは、間知石《けんちいし》と呼ばれる建築土台用の石材で、いつ頃からそこにあったのかは分からないが、現在は、公園と歩道の境を区切る花壇の石組みとして用いられている。ただそれだけの平凡な石だが、私には私なりの思い入れがある。

私は二十歳代の前半を、郷里（大分県日田市）の町の山間部の石切場で働いていた時期がある。その頃、私たちの村には山から石材を切り出し、黒色火薬を用いた発破で爆破し、さらに「まわし」という小ぶりのハンマーで小割りして仕上げる一群の職人（「石切」、「石屋」などと呼ばれた）がいて、私はその一人として働いたのである。中世の山城や近代の石橋を建造した技術者の末裔たちと思われ、父が「先山《さきやま》」という山開きの名人だったので、その跡を継ぎたいと思ったのである。

先山は、素人目には変哲もない山に見える岩山を見て、鶴嘴と鏨一丁を持ってその山に入り、切り拓き、経営の成り立つ採石場として仕上げる、開拓者である。鉱山における「山師」とほぼ同じ役割であり、職人の中ではいつも上座に座らされる特別な存在だったが、採算が取れるようになると、新しい事業主に採掘権と経営権を売り渡して次の山に向かうので、いつも貧乏であった。そんな父を、一生に一度だけでも「山主」として立ててみたくて、私たち四人の兄弟が協力して立ち上げ、経営した。

その一家の命運を賭けた山は、高度経済成長の波に乗って一時は好景気を味わったが、第一次石油ショックと職業病（白蠟病＝振動障害）の発生により、閉山を余儀なくされ、一家は離散した。その辛苦の時期よりも、療養で訪れた湯布院の町で出会った人々や由布院空想の森美術館での活動などが圧倒的に面白くて、その後、石切場の仕事を思い出すことも稀だったが、発破で山を崩す豪快な作業や、切り出した石の上に寝転んで、青い空に浮かぶ真っ白な雲を眺めた場面などは、鮮明な記憶として残った。

十思公園の礎石は都会のど真ん中で、私を、その過ぎ去った遠い日々に、ひととき、連れ戻してくれたのである。この礎石が、伝馬町牢獄の一部だったのか、吉田松陰や無宿人、女囚などが流した血と汗と涙で濡れたことのある石であるのかどうかは、不明である。

第六章　精霊たちの森

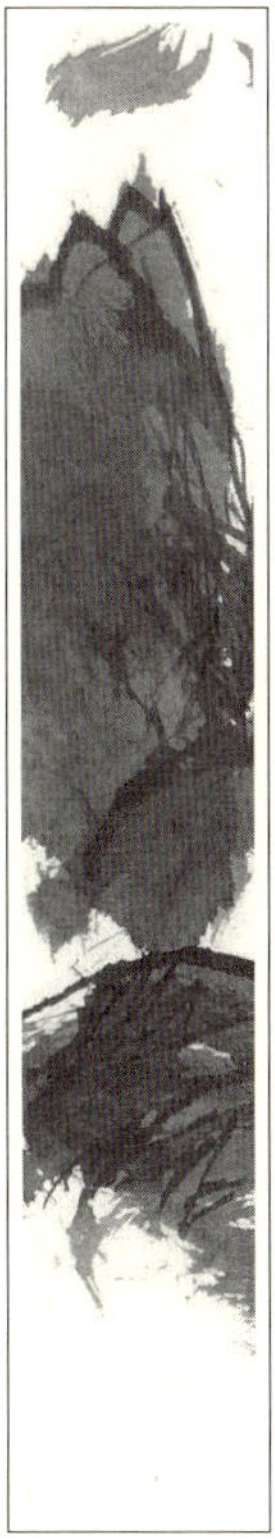

一　九州脊梁山地の村で

1　仮面文化の十字路に立って

九州は、民間に分布する神楽面、呪術や祈禱などの民間祭祀に使われた種々の信仰仮面などが数多く分布し、さまざまな芸能や民間信仰、神話・伝説などと混淆しながら伝承される、いわゆる「民俗仮面」の宝庫である。これにより、「仮面文化の十字路」と形容される。

北部九州の修験道、放生会《ほうじょうえ》、修生鬼会《しゅじょうおにえ》などと関連する仮面群、九州脊梁山地の狩猟、焼畑文化、神楽などとの習合が見られる仮面文化、南九州の「黒潮の道」、「古代神話」との接点を持つ仮面分布などが、アジアの仮面文化と連環しながら残存し、濃密な分布を見せるからである。

九州の民俗仮面は、神話や村の起源、狩猟や焼畑などの生活習俗と密接に関連しながら、その土地の歴史を語り、伝え続けてきた。これらの仮面は、長い年月、個人の家や村、神社などに保存されたり、使用されたりし続けてきたため、風化にさらされ、磨耗し、人間の手や肌の痕跡を留めて、「時の造形」あるいは「風土の記憶」とも言うべき強いメッセージを発信しながら、見る者に衝撃を与えるのである。

日本の仮面文化は、縄文時代の遺跡から発掘される「土面」、仏教とともに渡来し、王家や貴族などの上層部によって保護・伝承された伎楽面・舞楽面などの「渡来仮面」、武士階級によって保護された能面・狂言面などの「伝統芸能仮面」、そして上記「民俗仮面」の四つの形態に大別される。

土面は、土偶とともに縄文時代の祭祀儀礼と密接に関連したと考えられるが、弥生時代に入ると、その痕跡は日本列島から消える。そして日本の仮面文化は、仏教とともに渡来してくる伎楽面・舞楽面などの渡来仮面の登場を待つまで、およそ一千年の空白期を持つのである。

渡来仮面は、寺社、宮中などの儀礼に関連する芸能に付属して使用され、後の仮面芸能に大きな影響を与えたが、その後徐々に衰退し、現在残存する例は多くはない。

渡来仮面の影響を受けながら、民間の神楽や田植え祭りと習合し、田楽・猿楽へと発展しながら完成された能・狂言は武士階級に保護され、日本を代表する伝統芸能として高い完成度と様式美を持つ能面・狂言面を創作し、その後の民間芸能にも大きな影響を与えた。

民俗仮面は、庶民の生活、信仰とともに生まれ、伝えられてきたものである。そしてそれは様式化されることなく、多種多様の相貌を見せる。縄文時代の土面文化とどこかでつながっているのではないかと思わせるものさえ存在する。民俗仮面の多くは、村や神社、家などに「神」として伝承される例が多いことも古型を保ち続けてきた重要な要素である。

世界の仮面文化を俯瞰すると、仮面は悪霊が宿ると考えられ、祭りや祈禱・呪術などに使用された後は火で浄化され（つまり焼却され）たり、塗り替えられ（再生の儀礼）、水に流されたりするため、残存する例がきわめて少ない。村の神や神楽に登場する神々、家の守り神などとして伝えられてきた日本の民俗仮面は、貴重な歴史資料であり文化遺産であると言うことができる。

九州の仮面文化は、北部九州、中部脊梁山地、霧島山系を含む南九州の三地域に大別され、それぞれ大陸文化や日本の古代神話などの影響を受けながらも、異なった地域色がある。

北部九州は、修験道の拠点として栄えた英彦山《ひこさん》、求菩提山《くぼてさん》を中心に、今も多くの神楽を伝える。京築《けいちく》神楽・豊《ぶ》前《ぜん》神楽と総称されるそれらの神楽では、「御先《みさき》」と呼ばれる鬼神面をつけた神が祭りの行列を先導し、御神屋《みこうや》では

中之又から米良の山脈を望む

湯立て神楽が舞われる。この地方には、山から下ってきた「山人《やまど》」と呼ばれる神人が、集落や神域を巡る「山人走り」と呼ばれる祭りもある。太宰府市・太宰府天満宮の「鬼すべ」、久留米市・大善寺の「鬼夜《おによ》」、筑後市・熊野神社の「鬼の修生会」、大分県国東半島に分布する「修生鬼会」などは、中国古来の仮面芸能「儺戯《ヌオシ》」を起源とする「追儺《ついな》」の儀礼である。

北部九州の仮面文化は、大陸から仏教とともに渡来した仮面文化が、文化の移動とともに日本の中央へと伝播し、さらに日本独自の芸能へと発展していく過程に関係し、その原型を留めながら残存しているように見える。

九州脊梁山地は、高千穂・椎葉・米良など広大な照葉樹林に包まれた地域で、文字通り九州の骨格を形成する山脈である。ここには、今なお狩猟・焼畑の民俗が残り、神楽を伝える。高千穂神楽は、記紀神話を核とした格調高い神楽で、町内に二十座の神楽座があり、天孫降臨の物語に添って終夜、舞い継がれ、要所で土地神が降臨する。椎葉神楽は、村内に二十六座が伝わり、狩猟・焼畑の民俗、修験道の古風などと習合しながら伝えられる。米良山系には、懐《かね》良《なが》親王にまつわる南北朝説話を起源伝承に持つ神楽が伝わる。西米良村村所《むらしよ》の村所神楽では、懐良親王と伝えられる翁の仮面をつけた神が登場し、西都市銀鏡《しろみ》地区の銀鏡神楽には、猪狩りの習俗と懐良親王伝説を背景とする中世の様式を示す神楽が混交する。木城町中之又《なかのまた》神楽では、鹿狩りの神事である「鹿倉舞《かくら》」が、神楽と習合する。米良山系の神楽は、古式の狩猟民俗と中世の神楽とが習合し、伝承される貴重な事例である。

霧島山系には、霧島修験と関連する「霧島面」と呼ばれる大型の仮面が分布し、鹿児島県西部の薩摩川内《せんだい》市・新田《にった》神社に伝わる仮面群との共通項を持つ。天孫降臨伝承と関連するこれらの面は、ニニギノミコトに随従してきた古代氏族の祖神を表す。そして南九州に分布するニニギノミコトからヒコホホデミノミコト（山幸彦）、ウガヤフキアエズノミコトを経てカムヤマトイワレヒコノミコト（神武）に至る古代神話と密接に関連する。霧島以南の薩摩・大隅半島には、サルタヒコ（猿田彦）伝承にちなむ事例、古代隼人族の残像を留める「弥五郎どん」と呼ばれる大仮面とともに「神王面」、「王面」などの奉納仮面があって圧巻である。これらの仮面は「黒潮の道」を通じた東南アジアとの交流を思わせる。

中之又神楽夜景

旧「由布院空想の森美術館」（一九八六―二〇〇一）は、これらの民俗仮面の収集と展示・研究を中心に大分県湯布院町においてその活動を展開したが、種々の事情によって二〇〇一年五月に閉館、宮崎へ移転して「森の空想ミュージアム」（宮崎県西都市）として引き続きその活動を継続している。三百点を超える仮面コレクションは、仮面文化の原郷とも言える土地で、静かに時の記憶をつむいできたのである。

　このような経緯を踏まえ、二〇〇三年十月七日から十二月二十日までの会期で、「日本民藝館」（東京都目黒区駒場）においてこの仮面コレクションが「九州の民俗仮面展」として公開された。日本民藝館の創設者、故・柳宗悦《むねよし》は、そのすぐれた審美眼により、無名の工人たちが生み出した作品や庶民の生活道具などが持つ美しさを「用の美」と捉え、「民芸」という美の論理を確立した先駆者である。日本の古面に対する関心も高く、仮面の収集、後進への考察の指針となる論考などもある。日本民藝館は、柳宗悦の民芸理論を継承する熱心な研究家や愛好家に支えられ、現在も収集・展示・研究活動を行っている。

　この日本民藝館で、九州の仮面群が一挙に公開され、今後の研究・保存と活用などに大きな価値と方向性を与える機会となった。

九州民俗仮面美術館の展示

ちなみに、「森の空想ミュージアム」のある社会福祉法人「石井記念友愛社」は、日本の福祉の先駆者として知られる石井十次（一八六五―一九一四）によって設立され、現在も「福祉と芸術の融合による理想郷づくり」をその理念に掲げて福祉活動を継続している。石井十次の福祉活動は、その人柄と理念に感銘を受けた倉敷紡績（当時）の大原孫三郎によって支援されたという歴史を持ち、日本の美術界に大きな影響を与えた大原美術館（岡山県倉敷市）や、日本民藝館も大原の支援によって設立されたという縁がある。

私は、一九七六年より大分県湯布院町に在住し、湯布院の「町づくり」と呼ばれた運動に参加しながら、九州をくまなく歩き、古民芸・民俗資料の収集、神楽や村祭りなどの調査を続ける過程で、九州の民俗仮面と出会った。それらの仮面は、かつてさまざまな事情により流出したものが、南九州のコレクターたちによって集められ、散逸の危機を免れていたものである。

その民俗仮面との出会いと収集活動が、由布院空想の森美術館の設立につながり、多くの人との縁が結ばれ、西都市茶臼原の友愛社の森の一角から日本民藝館の展示へとこの仮面たちを導くことができたのである。

さらに私は、二〇〇二年より中国少数民族の村を訪ねる旅を重ね、九州・日本の仮面の起源と直結する「儺戯」の面に出会う機会にも恵まれた。多くの縁に結ばれて、日本民藝館の展示へと旅立った仮面たちの旅が、今後どのようなものになるか、興味は尽きない。

＊

以上は日本民藝館発行の機関誌『民藝』二〇〇三年十月号に掲載されたものに一部加筆した。「九州の民俗仮面展」には二二〇点の仮面が出品され、展示された。建築から収集品、展示品に至るまで「民藝の枠」を集めた日本民藝館の空間に展示された仮面たちは、まさに「晴れ舞台」に登場したかのようで、ひときわ光彩を放って見えた。会期中、宮崎から銀鏡神楽の一行が参加して下さり、展示された仮面を背景に幽玄の舞を舞った。

この展覧会は多くの客を集めて大きな反響を呼び、その後、九州民俗仮面美術館の開設、九州国立博物館による九十点の九州の民俗仮面買上げ収蔵という実績へと繋がってゆく。

「仮面」を巡る不思議かつ玄妙なるエピソードは語りきれないほどあるが、その中から一例だけを掲げておこう。

2 「赤紙」を貼られた仮面たち

湯布院から宮崎へと移転した直後のことだったが、突然、黒服の男たちがやって来た。大分税務署の職員たちであった。

空想の森美術館の最終局面では、土地・建物は売却された後、預金しておいた「ものづくり」の作家たちに支払うべきミュージアムショップの売り上げ分や消費税納入分などまで、洗いざらい銀行に徴収された。冷徹で容赦のない回収の仕方であった。作家たちには報告と陳謝の手紙を出し、少しずつ支払いを続けてゆく旨を通知し了解してもらったが、消費税の未納分は猶予してもらえなかった。

そもそも消費税とは何であるか。

当時の政府の担当大臣が「フェアではなかった」と公言したほどの強引な導入の仕方であり、実施されて分かったことだが、この税制では、子供がノート一冊を買っても、税が付く。障害を持つ人や老人など生産能力のない弱者までが、食堂でうどんを一杯食べたり、バスに乗ったり、物を買ったりするごとに否も応もなく税を徴収されるのである。さらに、年間売り上げ一千万円以下の事業者は支払いを免除される（当時）という姑息な仕組み。これにより、年間売り上げ一千万円以下の事業者は客から預かった消費税分は支払わずに済み、年間一千万円を少しだけ超える事業者は売上高をやり繰りして（つまりごまかして）申請し、ここでも預かり分を支払わずに済ます、という状況が生まれた。天下御免の横領（庶民はこれをネコババという）が横行したのである。

本稿は税制に対する異議を申し立てるのが主眼ではないから記述はこの程度にしておくが、この時点の総理が郷里の代表・村山富市氏だっただけになおさら無念の思いもある。

そして、現在もその仕組みはさほど改善されないまま、さらなる税率アップの論議が繰り返されているという状況も付け加えておかねばならない。消費税とは、昔ならば、導入した藩や国そのものが潰れたり崩壊したりするような次元の悪税である。

さて、この日、徴税史たちは、銀行の「担保」に入っていなかった「仮面」三百点を差し押さえる手続きをして、赤紙を貼った。

私は湯布院から一緒に旅をしてきた三百点の仮面たちと一緒の部屋に寝起きしていたので、段ボールの箱から一点ずつ取り出しながら、

——しばらくの別れだな……。

とか、

——そのうちに金を工面して迎えに行くからな。

——必ずオレのところへ帰って来いよ……。

などと語りかけ、一点ずつ、丁寧に写真を撮った。それは、何ものをも粉飾することのない正直な心情であった。するとその様子を横目で見ていた税務署員氏が、

——それは、何なのですか？

と訊いてきた。それで私は
——うん、縁があったこの神様たちと別れの挨拶を交わしているのですよ。

と軽く答え、作業を続けた。暗い部屋の中で、たった一つだけある明り取りの窓から梅雨期の朧ろな光が差し込んでいた。仮面の眼がその斜光に照らされて不気味に光った。税務署員の態度が少し変わった。

——それは、祟《たた》るのですか？

と、恐るおそる発せられた質問に、私はここぞとばかりに、

——祟りますよ、この神様たちを怒らせて病気になった人や、死んだ人の例などもありますからね。

と芝居を打ったのである。すると思いがけぬ反応が返ってきた。

——うう、それでは、この差し押さえ物件はここに置いていきます。つまりここが「保管場所」になるということです。赤紙だけは貼っておいて下さい。貴方が税金を払ってくれた時点で、紙は剝がして結構です。

と言って帰ってしまったのである。

——あはは。

と私は笑ったが、なんだか一緒に仮面たちも笑い出したような一場の情景であった。

その後、私はどう頑張っても税金分の金を生み出すことができなかったが、その頃一緒に仕事をしていた幼馴染の友人が立て替えて支払ってくれ、見事、仮面たちは日本民藝館へと進発したのである。

3 「九州民俗仮面美術館」の設立

日本民藝館での「九州の民俗仮面展」を終えて、仮面たちは宮崎へと帰ってきた。

私は、この仮面たちを段ボール箱に詰め込んで元の暗い部屋に閉じ込めておく気になれず、一挙公開すること

にした。

その頃、小学五年生だった鈴木遼太朗君が、時々手伝いに来て、森へ行って木を伐り出したり、中庭の竃《かまど》造りや古くなった家の補修を続けたりしていた。そこで、その活動を拡大して一般の方々にも呼びかけ、「手づくりミュージアムプロジェクト」として公開制作に踏み切ったのである。

終戦後、戦地から帰還した児島虓一郎氏（友愛社・先代理事長。石井十次の孫）が建て、一時中断していた石井十次の孤児救済事業を再開した歴史的な建造物を修復し、美術館として再生・運用するという趣旨である。修復の過程も公開し、「手づくり方式の美術館づくり」を学ぶワークショップとするという手法は、現代美術におけるインスタレーションの理論を応用した。

この呼びかけには多くの人が呼応し、参加してくれて、作業は一気に進んだ。室内の天上板を剝がすと太い梁《はり》が出てきた。その構造材は、石井十次が岡山孤児院をこの茶臼原台地へと移転させた時、解体して船で運んだ建物の一部という。壁を取り払うと、子供たちが暮らすために小さく区切られていた部屋が一挙に大きな空間となった。梁には柿渋と黒の天然染料を調合した塗料を塗り、壁には新たに石膏ボードを張り、漆喰《しっくい》を塗った。漆喰塗りには、友愛社の本館に移っていた中学生・高校生たちが参加した。その中には、この家で子供の頃暮らしたという子がおり、柱の傷や敷居の歪み具合、雨漏りの箇所などを克明に覚えていて、しきりに懐かしがり、

——この作業に参加できて嬉しい。

と感激した。

照明器具も手づくりした。山から藤蔓や葛の蔓を採ってきて、竹と組み合わせ、編んでゆくのである。大きな鳥の巣状のものや前衛的なオブジェのような器具が天上から吊り下げられ、不規則でジグザグでアートな灯りが室内を照らした。

その空間におよそ一五〇点の仮面たちが飾られると、仮面たちはそれぞれの由緒や辿ってきた経歴、山中の神

楽に出て神秘の舞を舞っていた頃の記憶などを一斉に語り始めたのである。

この地は、東に太平洋の潮音を聞き、南にアジアへと連なる島々を望み、西は中世の名残を留める神楽を伝える九州脊梁の山と村、北には神々の国高千穂を控える、仮面たちの原郷だったのだ。

九州民俗仮面美術館の開館直後に、九州国立博物館の収集担当の方の来館があり、その半年後に「九博買上げ」の決定があった。これにより、旧・由布院空想の森美術館の中核コレクション九十点が保存され、研究資料として生かされることとなった。不幸な流出の経緯を経て長い漂泊の時期を過ごしてきた仮面たちが、国が認める歴史遺産として認知された日であった。

4　神楽の里へ

由布院空想の森美術館を開館して二年目（一九八八年）頃のことだったと思う。

――高見さん、宮崎の神楽を見たほうがいいですよ。

と、九州脊梁山地に通い続けている民俗学者が助言してくれた。「九州の民俗仮面」を展示の中核とした同館は高い評価を得つつあるのだったが、当初、「仮面」を「オブジェ」として収集し、展示したため、私もスタッフも肝心の仮面神の知識に乏しく、来館者への説明が不充分な場面が目立ったのである。

――宮崎には、三百座を超える神楽が伝承されています。夜を徹して三十三番を舞い続ける「夜神楽」だけでも百座以上の伝承地がある。そして、ここに展示してあるような「仮面」が実際に使われ、次々に登場するのです。

その魅力的な言葉に誘われて、最初に訪れたのは、宮崎県西都市・銀鏡地区に伝わる「銀鏡神楽」である。銀鏡地区は、西都原古墳群の麓を流れ下り太平洋に注ぐ大河・一ツ瀬川の上流部にある山深い村である。旧米良荘・東米良の中心地でもある。ここに南北朝伝承を秘め、狩猟儀礼が混交する古式の神楽が伝えられている。

まず、毎年十二月の十三日の夕刻、式一番「星の舞」が舞われる。二十八星宿信仰に基づく神事神楽である。この一曲により、銀鏡神楽の星宿神「宿神《しゅくじん》」が招き出されるのである。この日はこの一番だけで神楽は終わる。

翌日の夕刻、銀鏡地区の集落ごとに祀られる神様たちが、「面様迎え」の行列とともに銀鏡神社に到着する。そして、厳かな神事の後、夜を徹して神楽が奉納されるのである。

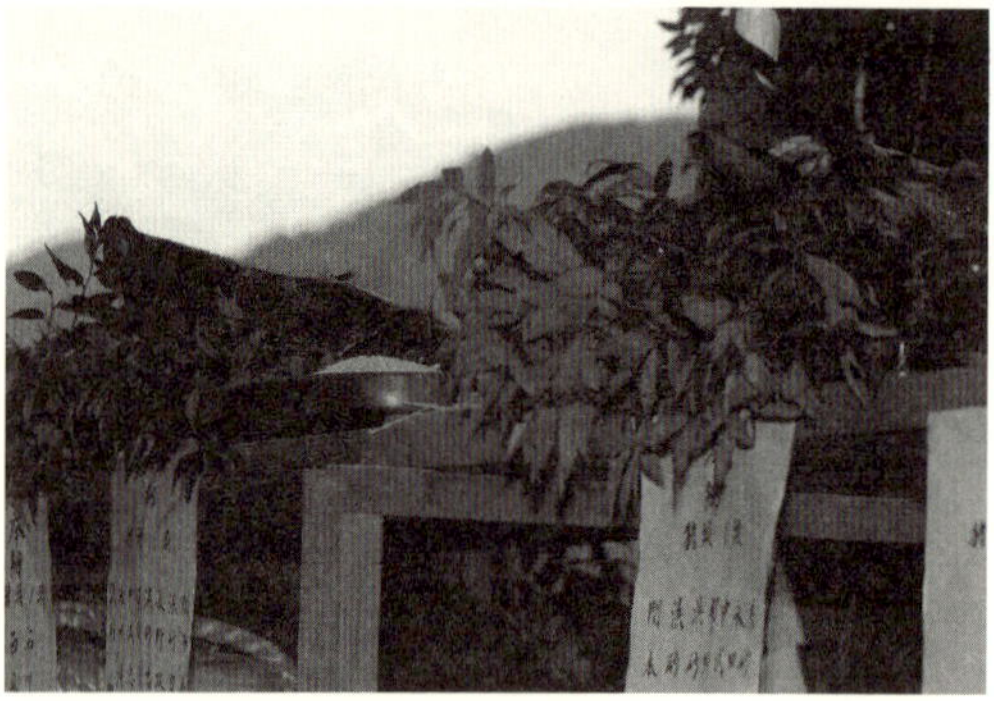

銀鏡神楽，猪頭の奉納

初めて観るこの神楽は、私を仰天させ、そして一気に、神楽が伝える南北朝絵巻と山人の儀礼の中に引き込んでいった。村の猟師たちが、祭りの前一週間の間に山に入り、仕留めた猪の頭が、盆に乗せられ、神官装束の舞人によって次々に運び出されてきて、祭壇に供えられる場面では、驚きと感動で私は身体が震えた。これこそ、古代の狩人の習俗が「神事」として神楽に取り込まれ、伝承されてきた稀有の儀礼である。さらに、神楽が進むにつれ、集落ごとに伝わる仮面神が、次々に登場する。米良の山脈に落ち延び、隠れ住んだ南朝の皇子・懐良親王を表す「西之宮大明神」、星宿神であり地区の地主神である「宿神三宝荒神」、白と赤の仮面神「六社稲荷」と「七社稲荷」、荒ぶる森の神「荒神」、精霊神「山の神・田の神」などが続々と登場し、落人伝説、山人・土地神の物語などを語り起こすのである。

ここに、私たちが探し求めていた「仮面神」の原像とその由来、起源、用途や性格などを表す貴重な事例がある。そしてそれは「生きた芸能」として、山中深く伝えられ、私たちの目の前に立ち現れてきたのである。

以後、神楽通いが続き、いつの間にか三十年の月日を重ねた。

旧・由布院空想の森美術館の仮面展示

なかでも二〇〇一年の湯布院から宮崎への移転は、大きな転機となった。それまで、異郷から訪れていた「研究者・傍観者」としての私は、同じ土地に暮らし始めた「仲間」の一人として神楽を伝える村の人々に受け入れてもらえたのである。

宮崎へ移転してすぐの頃は、私は、なじみの神楽にもさりげなく出かけ、会場の隅のほうでそっと神楽を見るように心がけた。美術館経営に失敗し、落魄の身となった者を見るような視線で、多くの人が私を見ていることを私は感じ取っていたのである。だが、神楽を伝える里の人たちは優しかった。何気なく近づいて来て、

——高見さん、そんなところにいないで、こっちにおいでよ。

と、肩を抱くようにして焼酎瓶の並ぶ控え室や、村人が集まる席へと案内してくれ、盃を交わし終えると、一緒に並んで神楽を観るのである。

神楽の場面が涙でかすんだ。古来、他郷から訪れる旅人や落人として山中に逃れてきた武者などを受け入れ、その文化を吸収し、彼らが再起を期す日々を見守った文化が、今もこの地に残っていることを私は実感し、深く感謝した

ものである。

さらに、神楽に登場する「仮面神」とは、国家創生の英雄たちと並立するように、雄々しく土地の物語を語る「荒ぶる神」であり「土地の先住神」であった。そこにこそ、この国の文化の古層と、仮面史の古形、芸能史の秘密などが凝縮されて残っていた。それを読み解き、仮面史と重ねてゆく作業は、知的な冒険とも呼ぶべき、発見と興奮の連続であった。そしてその真髄が、渡来神と先住神の激突と相克・融合の歴史であり、宇宙星宿・森羅万象と人間世界の協調の物語であることを知った時、神楽の魅力と奥行きの深い実力を理解でき、神楽に対する愛着がますます深まったのである。

＊「神楽」と「仮面」に関する考察は、近刊『新編 火の神・山の神』（花乱社）のほか、既著『九州の民俗仮面』、『神々の造形・民俗仮面の系譜』、『西米良神楽』、『百彩の村――諸塚の神楽と人々の暮らし』、『精霊神の原郷へ』（以上鉱脈社）、『山と森の精霊――高千穂・椎葉・米良の神楽』（ＬＩＸＩＬ出版）、『神楽が伝える古事記の真相』（廣済堂新書）などで継続中。

二　尾八重アートプロジェクト

1　神楽を伝える村のギャラリー空間

米良山系の東部に位置する西都市・尾八重《おはえ》の集落へ向かって尾根沿いに走る道は、峠に至り、中之又・日向方面へと右折する道、直進して椎葉に至る山道、そして尾八重の集落へと続く下り道とが交差している。坂を下ると、中世の山城を中心に形成された尾八重の集落がある。その尾八重の村は、かつて山越えの要衝として栄え、中世の物語を秘めた美しい神楽を伝えるが、すでに住人は数えるほどしかおらず、「村」そのものが消滅の危機に直面している。

神楽の夜だけ、かつてこの村に住んだ人々がどこからともなく集まってきて、まるで幻影のような一夜が過ぎる。一晩の賑わいが去った幻のような村に淋しく取り残された、その存在自体が森の精霊のような老人たちが、一人、また一人と神の世界へと旅立った時、この村は廃村となる。

深い渓谷沿いの道と尾根筋の道の二筋の旧道が、家畜の伝染病「口蹄疫《こうていえき》」の影響により封鎖された（村に残っていた古い牧場が種牛の避難所となった）のは、二〇一〇年の夏のことであった。私はこの期間を挟んで、尾八重の村へも尾八重神楽にも行く機会を失していたのだが、二〇一四年の夏、久しぶりに谷に入り、消毒液の流入で絶滅したかに思われていたヤマメの復活を確認した。

その時、およそ十年近く放置されたままだった「椿一番館ギャラリー」が当時のまま保存され、家主の手で、毎年、奉納された神楽の御幣を飾ったり、掃除がなされたりして細々と運営が続けられていることが分かった。

このギャラリーは、私が湯布院から宮崎へと移り住んで間もない二〇〇二年から二〇〇四年にかけて、神楽と過疎地域の振興を掲げる地区出身の有志とともに、村の郵便局だった古民家を改装し、ギャラリーとして運営を開始したものだが、前記口蹄疫の影響を含めた種々の事情が重なり、運営が中断していたのである。

私は感激を新たにし、当時のリーダーに家主と連絡をとってもらい、その年の神楽の日に掃除と展示替えをして、再び活動を再開したい旨を伝えたところ、快諾を得た。

神楽が始まる前に集まってくれたのは、神楽の取材仲間、宮崎市内で神楽の保存と研究活動を開始した若い友人たち、それに当時三歳の神楽少年、坂本奏和くんとそのお母さんであった。

尾八重，椿一番館ギャラリー

尾八重神楽は、午前中の「注連《しめ》立て神事」と狩人の儀礼「猪鹿場《ししば》祭り」から始まる。その神事が終わる頃を見計らって、仲間たちがこのギャラリーに集まって来て、掃除をしたり展示替えをしたりした。私は少し前に東京で発表した「仮面詩集」のパネルと米良神楽のスケッチを待ち込み、古い作品と入れ替えた。すると、停滞していた室内空間にたちまち清新な空気が通った。囲炉裏にも火が入った。その時、奏和くんがギャラリーの中で神楽を一曲、舞ってくれた。庭先の木の葉を採り物にした舞は、誰に教わったものでもないが、すでに「神楽」の様式を踏まえたものとなっており、このギャラリーの再開にふさわしいものであった。
村の郵便局だった家を改装した「椿一番館ギャラリー」は、その左手にこんもりと繁った山茶花《さざんか》と椿の巨木がある。いずれも樹齢六百年に及ぶという。南北朝時代、落人たちが入山した折に持ち込まれたという伝承がある。集落を構成する住居群は、いずれも骨格の太い建物で、がっちりと組み上げられた石垣と裏手に背負う竹林によって守られている。小規模の棚田と畑が美しい風景を織り成すこの村そのものが「山城」の構造を持っているのである。この集落を中心に、周辺の山中も合わせておよそ四十戸の民家が点在するが、現在、村には五戸・十人ほどしか住人はいない。

再開された「椿一番館ギャラリー」の活動は、その後、思いがけない展開を見せる。

2　空間の終焉　空が始まるところ

二〇一三年初夏、「椿一番館ギャラリー」で宮崎県内の若手芸術家三人による「A-KENJYA」展が始まった。同展は、五月一日から三十一日まで、私が運営する「祈りの丘空想ギャラリー」（西都市茶臼原台地の森）で開催され、好評のうちに終了。作家たちによれば、この辺鄙な、知る人ぞ知るポイントとも言うべき会場に「街なかのギャラリーより客が来た」というほどの盛況だったという。

尾八重の企画はその巡回展という形だが、展覧会の内容は、会場やその周辺の環境を反映して、「変化→進化」し続けることを特徴とする。

作家たちは初日から泊り込み、片付けとともに作業と制作と展示が始まる。現代美術の「インスタレーション」という表現領域である。ここに訪れた人が、それを観たり、参加したりできる。もちろん焼酎を飲み、語り明かす夜も欠かせない。

現代美術の表現においては、「そこにあるもの」、「風景」、「そこが直面している環境や状況」なども「作品」を構成する重要な要素の一つとなる。すなわち、「個人」としての作家たちが「社会」や「環境」、「自然」などとどのように関わりを持つか、そしてどのような役割を果たすことができるか、という命題も、「アート」なのである。若者たちは、その場所を「空間の終焉」と呼ぶ。土地の詩人は、そこを「空が始まるところ」とそれぞれ独特の表現で形容した。

この空間で、二〇一三年に「A-KENJYA」展、二〇一四年に「アートプロジェクトin尾八重×尾八重神楽」が開催され、その後「ギャラリーO荘」と展開した。この古民家ギャラリーは、そのような「変異する時空」であり、「始まりの空間」でもあろう。十年近い中断期間を経て再開されたギャラリー活動は、新しい「地域アート」の時代の始まりを予感させる事例として把握できる。

中世の山城を中心に形成された古い集落に人の気配がないわけではなく、季節が巡ってくれば、棚田の手入れや山仕事などに里へ下ったもとの村人が帰って来る。この日も、水が引かれた田んぼにミズスマシが泳いでいた。村の猟師によって森から届けられた動物の骨も、オブジェとして展示された。古いガラス窓も、貼り付けられた赤いセロファンによって外部の風景と一体化する。光と影の効果。絵本の読み聞かせと絵本製作。古風な香りと現代に生きる若者。古民家がシャープな現代美術空間となった。

ぽつりぽつりと人が訪ねて来て、話がはずむ。草餅や山菜料理などの差し入れがある。本来の「客」とは、こういう人と人との「関係」ではないか。

この時間帯に、男たちは近くの沢に釣りに行く。夕べの食卓を飾るヤマメを狙ったが、突然の大雷雨と山ヒルの攻撃に降参。一匹も獲物を得ずに退散した。

3　中世の絵巻が展開する　尾八重神楽の一夜

「尾八重神楽」の概要を見ておこう。

宮崎県西都市尾八重地区は、米良山系旧・東米良に位置し、標高六〇〇～九〇〇メートルの高地に集落が点在する。平家の落人伝説や南北朝伝承を秘める村は、まるでアジアの山岳の村を見るような景観がひらけている。尾八重の集落を通り過ぎる道は、杉の巨木と天を突く枯れ木が黒々とした森と、その森に抱かれた尾八重神社へと続いている。小暗い森に吹く風は、この神社が刻んで来た年月の重みを伝えている。その小道をさらに進むと、旧・尾八重小中学校の跡地がある。閉校になったこの校舎と運動場跡で、毎年、神楽が開催されるのである。

社伝は、保安二（一一二一）年、米良山中・尾八重字湯之片《ゆのかた》を安住の地と定めた壱岐宇多守《うたのかみ》（湯之片神社の祖）が当地に神楽伝習所を設け、「尾八重神楽」として普及させたと伝える。尾八重山中には、樹齢数百年の巨杉、織田有楽斎が愛好したことにちなむ命名という「有楽椿《うらくつばき》」の巨樹、中世の山城跡などの事蹟が多く残り、この伝承を裏付けている。

尾八重神楽，弓の舞

神社の裏手の森には点々と御幣が立てられている。これは合祀されたこの地域の集落ごとの氏神である。狩猟神「鹿倉様《かくら》」もこの中に含まれる。神域は山の神が支配する「カクラの森」でもあった。神域が夕闇に包まれ、神事が始まる。神楽は清澄な神迎えの舞「清山《きよやま》」から始まる。米良山中・尾八重の神々がここに降臨する。

広場には尾八重神楽名物の猪鍋が湯気を立てている。大鍋で煮込まれる猪汁は絶品。以前、風邪をこじらせかけたまま神楽取材を強行したことがあったが、着いてすぐにまず一杯、夜中にほどよく味の染み込んだ一碗、夜明け方、こてこてに煮詰まった猟師風味のものを一杯、合計三杯の猪汁を身体に流し込んだら、翌朝には風邪は治っていた。まさに「薬喰い」を体感した一夜であった。

最初に降臨するのは「花鬼神」である。少年が古面をつけて舞う。尾八重神楽の祖「壱岐宇多守」の少年時代を表す舞と伝える。この花鬼神は、米良山系の神楽に分布する「花の舞」を踏まえた番付である。「花の舞」とは、清浄な子供の霊力によって御神屋を清め、結界を確定する舞。昔、宮中で舞われた稚児の舞を起源とする伝承がある。

神楽中盤に「宿神」が降臨。「宿神」とは、星宿神、荒神、地主神などの性格を併せ持つ地区の鎮守神で、米良山系の神楽に分布し、いずれも主祭神としての神格を持つ。米良山系の神楽と仮面神は、南朝の皇子・懐良親王とともに米良に入山した肥後・菊池氏の一族とともに流入したといわれる。「宿神」は、米良山中に現在九面が分布し、鎌倉から中世へかけての制作年代と判定されるものが伝承されている。尾八重の宿神もこの系譜の芸態を有している。

法螺貝の音に誘われて「宿神」が降臨し、夜が更ける。この後、「八幡」、「稲荷」、「八社神楽」などが次々と舞われ、尾八重の神々が降臨するのである。

4　仮面神と過ごした一夜

古い村は、晩秋の明るい日差しに暖められていた。

柿の実が熟れて、食べごろだが、幹にはつる草が巻きつき、誰もその実を手にする人はいないようだ。

家の裏手にある椿の巨木と、村の歴史とともに生きてきた「有楽椿」にちなみ、「椿一番館ギャラリー」と名づけられたこの空間で、私は二〇〇三年の夏に「九州の民俗仮面展」を行い、八十点の仮面を展示した。その年の秋に、東京・駒場の日本民藝館で二二〇点の仮面を展示する同名の企画展が予定されていたので、私は九州の山の神様に挨拶をして出かけるつもりで、このギャラリーでの展示を計画したのだった。

古い民家の板張りの部屋に、八十点の仮面と一緒に泊まり込み、過ごした一週間のことは、忘れがたい。深夜、目覚めると、窓の外に大きな光の輪が見え、そこから差し込む青白い光が仮面群を照らしていた。驚愕のあまり、私は心臓が止まる思いだったが、それは、峡谷の向こうの山脈から昇った月の光だった。仮面たちは、静かに月の光を浴びながら、神楽歌に似た響きを奏でているのであった。

以来、このギャラリーでは、若者たちにより多彩な企画が実行され、二〇一七年現在は森本隆泰君が移り住んで、絵画の制作と家屋の補修などを進めている。森本君はすっかり土地に馴染み、村の猟師と一緒に猪狩りに行ったり、山仕事に参加して日当を稼いだりするようになっている。そして、古い山仕事の道具や鹿の頭骨などが増殖し、それもまた収集品というより〝作品としてそこにある〟という風合いを醸し出している。この山深いギャラリーを訪ねて来る客もあるという。「生き方そのものが芸術表現」という解釈に立つならば、彼こそ、最先端の現代美術家と言えるだろう。

私は時々、尾八重川を遡って二、三匹のヤマメを釣り、それを手土産に森本君を訪ねる。彼の嬉しそうな顔とこのギャラリーの展開を見るのが楽しみである。

三　高千穂「秋元エコミュージアム」の挑戦

1「秋元エコミュージアム」の出発

宮崎県高千穂町秋元《あきもと》地区は高千穂盆地の西方、諸塚山《もろつかやま》の東麓に位置する美しい集落である。広範な信仰を集め地区の精神的支柱をなす秋元神社を中心に、「秋元神楽」を伝承している。

秋元神社は、英彦山修験、霧島修験、妙見信仰などが混交する諸塚山信仰の拠点の一つであったと伝えられ、秋元神楽には「諸塚様」とも尊称される「秋元太子大明神」が降臨して、土地の物語を語り継ぐ。

春には山桜が山腹を彩り、夏には山霧が流れ、秋は木の実や茸が採れ、冬には神楽笛の音が響く——古き良き日本の美しい村の面影を残し、アジアの山岳の村を思わせる景観を有するこの村も、過疎化、少子高齢化など全国的な地域社会が直面する現象と無縁ではなく、神楽の伝承者の村外流出、地域産業の衰退など多くの問題を抱えている。

このような状況下において、高千穂町役場職員として辣腕を振るっていた飯干《いいぼし》敦志氏が早期退職し、「都市と農村の交流による持続可能な村づくり」を目標に、二〇一〇年六月に「高千穂ムラたび活性化協議会」を発足させた。「農業」、「食と民宿（オーベルジュ）」、「エコミュージアム」の三部門を一体化した事業を開始したのである。

「ムラたび」とは、神楽や深遠な風景の中で暮らすムラ人の生活風景などが持つ文化的価値を提起しながら、自然、歴史、伝承、生活文化などの豊かな地域資源の掘り起こしと把握、食材や特産品の開発、アグリビジネスとツーリズムを軸とした「ムラ旅人」の招致、雇用の場の拡大、神楽伝承者のUターン・Iターンの受け皿としての機能などを確保する「持続可能なムラづくり」をめざす事業である。

地域全体が一つの大きな家族のように温かなこの集落で、私が関わった「秋元エコミュージアム・プロジェクト」について概要を記しておこう。

「秋元エコミュージアム」は、神話や神楽や神秘的な自然・文化などに人気が集まる高千穂の中でも、さらに奥深い土地に位置する秋元集落とその周辺の山や森、渓谷などをステージとして展開され始めた。集落内に残る空き家や倉庫、石蔵、納屋などを改築・改装し、「展示空間」、「もてなしと交流の拠点」と設定。秋元神社への参拝コースや地域に点在する自然遺産・史跡などもマップ上で連結させ、「散策と鑑賞のプログラム」とした。

秋元，神楽の日

村民の直営「いろはや」は、住民全員が出品することのできる農産物直売所である。戸数四十三戸が暮らす秋元集落は大半が「飯干姓」であるため、各家は「いろは」順に屋号で呼ばれる。これにちなむ店名である。山の畑で育てられた採れたての新鮮な野菜や穀物、手仕事の工芸品なども並べられており、人気を呼んでいる。

「食と農村民宿」は、この事業の核としてオープンした、料理を楽しむことを主体にした農村民宿である。この宿泊施設は、自宅の一部を改築・改装し、牛小屋の二階スペース、空き部屋などを宿泊施設に再利用したものだ。地元で採れた食材を使った郷土料理や創作料理は、料理自慢の村の女性たちの手によるもので、いずれも絶品。

「エコミュージアム」とは、地域の文化財や史跡、生活全体などを包括的に保存・表現する、フランス生まれ、北欧育ちの博物館概念である。山や川、畑や田んぼ、神社や昔から崇められた大きな木や岩、さらにそこに暮らす人たちの生活文化や技術などを、「村まるごと博物館」という把握で、地域全体をミュージアム化し、活性化させ、再生させていく手法である。

「秋元エコミュージアム／てづくりミュージアム・プロジェクト」では、コア（核）となる水の口活性化センター（当時の事務局）と、村に点在するサイト（展示施設、交流拠点など）によって構成される。このプロジェクトでは、利用する古民家や蔵の片付け・改装の作業を行い、改装後はそれぞれの施設が秋元神楽や秋元の自然をテーマとした写真や俳句、書、絵画、オブジェなどを展示する「小さな美術館」として運営される。

全国的に都市集中、農村山間部の過疎化傾向が見られる中で、昔ながらの生活をそのまま保存しながら、新しい時代を拓くアートや文化創造の手法を加えて表現していくエコミュージアムの概念は、秋元地区以外でも展開可能な地域再生の手法であろう。

このプロジェクトは、エコミュージアムという概念そのものや、村人の生活空間を舞台とする「展示空間」を具体化していくプロセスをともに体感してくれるスタッフを募集し、東京、京都、宮崎、そして地元秋元からも大学生や高校生の参加を得て進行した。

2 点在する史跡、巨樹・巨石などの自然遺産

秋元集落の背後にそびえる諸塚山は、古来、山岳信仰・修験道の文化が栄え、秋元神社と秋元神楽はその信仰・文化形態を引き継いできた。日向地域、椎葉山系などと連結する諸塚山文化圏と高千穂盆地の中央部に位置する高千穂神社、東方に位置する祖母岳と宇佐・英彦山信仰の混交などの関連性を見る時、秋元の秘めるダイナミックな歴史性が見えてくる。

秋元神社は、建磐龍命《たけいわたつのみこと》（神武天皇の孫）が諸塚の太白山《たいはくさん》の中腹に創建し、天和三（一六八三）年に現在地に移

秋元風景，夏

転・建立したと伝えられる。神域には、秋元の深い山々を源とする清水が湧き、昔から御神水として信仰されている。諸塚山信仰と古代高千穂伝承、星宿信仰、九州の山岳修験との関わり、秋元神楽の主祭神が「秋元太子大明神」であることなどを念頭に参拝すれば、興味はいっそう深まる。

秋元集落から諸塚村六峰街道へと上る道の途中に、桂の巨樹がある。樹齢五百年余り、幹周り一三メートルの大樹の下は涼しい木陰で、山からの湧き水を引いた竹の樋もあり、休憩スポットともなっている。

秋元神社へ向かう沿道に「殿《との》の岩」という大きな石があり、昔、無常を感じた武士（若狭の殿ともいわれる）が都を捨てて落ち延び、ここに住んだと伝えられる。この岩の付近では秦国、韓国、支那のものとされている二十四種の古銭が掘り出されており、古伝承を裏付けている。

杉と苔に覆われた巨石「長九郎岩」の下には綺麗な水の流れる川があり、その昔、長九郎という武人が旅の途中に立ち寄り、ここを修行の地と定めたといういわれが残る。

妙見滝が流れ込む妙見淵の岸壁に祀られる妙見神社の御神体は女神で、「妙見菩薩」である。水神様として祀られており、社はなく、凝灰岩の小さな祠が上流に向かって建てられているだけである。旧正月に近い土曜日に「妙見祭り」が行われ、集落内の七軒の氏子宅が持ち回りで「祭り宿」とし、昼過ぎから神楽三十三番のうち、式三番（住吉・沖逢・山森）の神楽を奉納する。

村の歴史を秘めた史跡や遺物が点在する風景が、村の起源を語るのである。

3　二〇一〇年、秋元の夏

秋元の村を取り巻く山々は青みがかっている。諸塚山系の山々が間近に連なり、太陽が、山頂をかすめて斜めに山肌や山麓を照射しながら移動してゆくからだ。

秋元川は、諸塚山を水源とする三本の水流を集め、集落の中央部を貫流して、高千穂盆地の南部で大河・五ケ瀬川に注ぐ。清澄な水の流れる川をウナギが遡上し、体側が虹色をした天然もののヤマメが棲息する。川沿いに点在する山の神、水神、稲荷などの小祠は、今もなお土地神を祀る信仰が生きていることを示している。村のどこにいても、秋元川の水音が快く耳に響く。

二〇一〇年七月、「高千穂・秋元エコミュージアム」の実質的な活動が始まった。

私を含めたエコミュージアム・スタッフ三人と村の高校生一人に加え、東京、京都、宮崎市内から六人の大学生が集まり、村に点在する椎茸乾燥小屋、石蔵、牛小屋の三カ所の改装から始めたのである。

椎茸乾燥小屋とは、飯干敦志さんの自宅の母屋に隣接する小さな小屋で、風化にさらされて壁の一部は崩れ落ち、母屋の改築とともに取り壊しが検討されていたものである。

当時、焚き火で室内を暖め、その熱で竹製の平籠に乗せた椎茸を乾燥させる仕組みがそのままに残されていた。小屋の内部の土壁や深く掘り下げられた焚き口、椎茸乾燥用の竹の棚、荒神様の置かれた一角などは、一部分だけを切り取れば、まるで現代美術の一齣、あるいは、紹鷗《じょうおう》や利休が好んだ「寂び」の極地と言えるほどの風合いを持っていた。時代の流れとともに「用途」をなくしていたかに見えるこの小屋に、アートの手を加え、展示施設として機能させる、というのがこの計画の第一歩である。

第一日目。小屋の前に、私とスタッフの田中邦之君、青江佐知子さん、地元の高校生・飯干康之君の四人が集まった。田中君はこの事業に雇われたIターンの青年で、村に親戚がある。青江さんは秋元神楽に魅せられ、倉敷から移り住み、この計画に加わった。康之君は秋元神楽の伝承者で、これから始まろうとしているこのプロジェクトに興味を持って参加した。彼らがこの仕事を通じて村の将来に関心と関わりを持ってくれれば、すでに事業は明るい出発をしていることになる。

この夏、日本列島は各地で記録的な暑さを記録したが、秋元も例外ではなかった。都市部や都会の暑さに比べれば、木陰などに涼しさが感じられたが、直射日光が照りつける屋外での作業や、埃がもうもうと立ち籠める室内の片付けなどは、暑さとの戦いでもあった。倉庫の二階で資材調達中の私がスズメバチに六カ所も刺され、病院に直行するというアクシデントもあり、出だしからこのプロジェクトはハードなものとなったのである。

椎茸乾燥小屋を片付け、壊れた壁に青竹をはめ込み、乾燥棚を外して崩落した土を取り除いたら、思ったとおり、土壁に囲まれた静寂な空間が現れた。壁は、赤土に藁を混ぜて練り込む伝統の工法で作られており、「時」に磨かれた土は手で撫でてみたいほどの深い味わいとなっている。板壁は、風雨にさらされて木目が浮き出たものをそのまま使った。補強する木材にも古材を使った。

利休時代の茶室とは、本来このような空間だったのではないか、と思わせるほどの展示室が、埃の中から出現した。この記念すべき第一号の展示施設は「ギャラリー客神《まろうど》」と名づけられた。

注・武野紹鷗：一五〇二—五五年、堺茶道の祖といわれる茶人。千利休の師として知られる。／千利休《せんのりきゅう》：一五二二—九一年、茶道の宗匠。「わび」、「さび」の美意識を貫いた天下一の茶匠。織田信長、豊臣秀吉の茶頭を務めたが、晩年、秀吉と対立し、切腹を命じられた。

家の主の敦志さんの話によると、椎茸を乾燥させるためには数日間火を焚き続けねばならぬため、祖父や父が季節ごとにこの小屋に泊り込んだ。その頃は、まだ家に暖房設備のない時代だったので、敦志少年もしばしばこ

秋元，ギャラリー石蔵を照らす竹の祈り

の小屋を訪れた。焚き口で焚いた火が奥の部屋まで回り、それが室内を暖めて棚の椎茸を乾燥させるのである。温かな部屋で神楽や狩りの話、村に伝わる昔話などを聞きながら、眠ったのである。

片付けから展示への工程が進んでいった。小屋の奥の部屋の正面には、この家で開催された神楽の場面から「アメノウズメノミコト（天鈿女命）の舞」の写真を飾った。記紀神話の天鈿女命は、天照大神が隠れた岩戸の前で半裸の舞を舞って神々の笑いを誘い、天照大神をこの世に再び呼び戻す呪法を行ったり、天孫降臨の折、「ニニギノミコト（邇邇芸命）」の行く手をふさいだ「サルタヒコ（猿田彦）」の前に立ち、半裸となって敵意のないことを示し、猿田彦の心を開かせて日向国・高千穂へと案内させた、という挿話を持ち、神楽・演劇の祖となった神である。

二〇〇八年、飯干敦志家は母屋の改築を行い、敦志さんは長年勤めた高千穂町役場を退職して農業を始める決意を固めた。それが、「高千穂ムラたび活性化協議会」の設立へと続き、秋元の将来を見据えた壮大な事業の出発地点となった。神楽には、家の新築を祝う「家祈禱」の意味も含まれる。これを踏まえ、展示のテーマを「祝い」とした。日の丸の扇を採り、赤い御幣を振りかざして舞う天鈿女命の舞は、地の霊を鎮め、場を清める呪的舞踏であることから、この趣意に適い、立ち上がり始めた「ムラたび」の事業とこの小さな美術館の入り口を飾るにふさわしい神格である。

続けて、村の中心部に建っていた石蔵を片付けた「石蔵ギャラリー」、近年まで牛小屋として使われていた蔵《くら》之平《んでら》・飯干金光《かねみつ》氏宅の牛小屋の改装などに取りかかった。

このプロジェクトに参加した若者たちは、作業の合間には、涼しい木陰に置かれたベンチでひとときを過ごす。

村のばあちゃんの手作りのお菓子や、漬物などが何よりのご馳走である。涼しい風が山から吹き降ろしてきて、汗にまみれた若者たちの一群にひとときの涼を与え、吹きすぎてゆく。夕刻、若者たちは秋元川に入り、泳ぐ。川水は夏でも冷たく、都会育ちの青年たちの足をきりりと冷やした。清々しい歓声が渓谷に響き渡り、オオルリの声が山から谷へと谺《こだま》した。

ある一夜、若者たちと一緒に村人の集会に招かれてビールを飲み、時を忘れて語り合った。夜が更けると、軽トラックが村のあちこちから集まって来て、酔っ払った男たちを荷台に積み込んで、その夜の宿へと運んだ。それが逞しい村の女性たちの、亭主や来客の取り扱いであった。

秋元川沿いの山道を疾走する軽トラックの荷台に寝転んで夜空を見上げると、天の川が秋元川に平行して流れていた。銀河は、大量の星を秋元の村に降らせていたのである。

4　ムラはミュージアムである

飯干金光氏宅の牛小屋の改装は順調に進んだ。途中から、家主の金光さんと長男の記章《のりゆき》君が加勢に加わった。秋元神楽の伝承者（現在の神楽保存会長）で、一冬に十頭ほども猪を獲る猟師であり、山仕事の達人で種々の道具を使いこなす金光さんと、すでにこの小屋の二階部分を木造りギャラリー風の空間に改装して新居として使っている記章さんも、大工仕事には手馴れていた。

この二人が参加したことで、仕事が順調に進み始めた。広く、がっしりとした造りの牛小屋は、若者たちだけの一時的な仕事の量を超えていたのである。この家のアサヨばあちゃんも作業の進捗ぶりを見に来て、その変化を楽しみに眺めた。牛小屋は、みるみる展示空間へと変貌を遂げていった。

作業が終わりに近づいた一日、私と若者たちは秋元の山や谷筋を歩き、一抱えほどの石を集めた。秋元の山に

秋元，村の道を行く

は、古代阿蘇の大噴火に伴う火成岩、安山岩系の堆積岩、石灰岩、太古この地が海底だったことを物語るジャスパー（碧玉《へきぎょく》）と呼ばれる硬質の石などが散在する。板張りの小屋の床の中心部に、これらの石で縁を囲って囲炉裏を作ることにしたのである。黒い石、青い石、赤い石、白い石などが積み上げられて、囲炉裏が出来上がった。

神楽仲間に集まってもらい、「囲炉裏開き」をした夜が、この「ギャラリー蔵之平」の実質的なオープニングの日となった。

夏から秋にかけて、村に点在する椎茸乾燥小屋、石蔵、牛小屋の三カ所を片付け、改装して「ギャラリー客神」、「ギャラリー石蔵」、「ギャラリー蔵之平」の三施設を開設した我々の仕事を、「竹の灯りワークショップ」で製作された手作りの照明が照射した。道端にコスモスの花が揺れ、秋の日差しが暖かく降り注ぐ一日、古い小屋や石蔵、牛小屋などに「いのち」が宿った瞬間であった。

その後七年が経過し、この企画に参加した田中邦之君は高千穂町内の事業所に就職して秋元神楽の伝承者の一員となり、高校を卒業した飯干康之君は介護施設の職員となり、神楽の季節には必ず村に帰る立派な伝承者となった。飯干敦志さんの仕事は順調に進み、「まろうど酒造」では「どぶろく・ちほまろ」、「甘酒」の製造が月間数万本を記録するヒット商品となった。秋元集落の田んぼはほとんどこの酒造用米の生産地化するという活性化ぶりである。当初ギャラリーとして開設した椎茸乾燥小屋は酒造工場となり、立派に稼動している。敦志さんと私は、その後の計画も含めて、緊密に連絡を取り合っている。毎年の神楽に通い続けていることは、言うまでもない。

私は、終生のテーマとして「ムラはミュージアムである」という構想を追い続けるだろう。それは、幼い頃に故郷の山の村を後にし、湯布院という山間の小さな町で「地域づくり」という運動を体験して、「町はミュージアムである」という主張のもとに「アートフェスティバルゆふいん」などの運動を企画・実行し、湯布院を離れた後は九州脊梁山地の山々に抱かれた村を訪ねて「神楽」と「仮面」の研究を続け、さらに、「地域とアート」の接点を模索するという、アーティストとしての表現活動の継続である。

その個人的な興味と衝動と活動の集積により、地域再生への道が開けるという手応えは得ている。各地での地域美術展の隆盛、古民家アート・古民家レストランなどの実施例、次世代の若者たちのこのジャンルへの進出などが、方向性の正しいことを確信させ、私にさらなる一歩を踏み出させるのである。

九州の山は深く、空は青い。

終章　帰る旅——空想の森へ

1　帰る旅

冬晴れの一日、森を歩く。

静かな森にやわらかな陽光が射し込んで、落ち葉を暖色に染めている。北の国からは吹雪や積雪の報が届いているが、南国の冬は長閑《のどか》だ。

木立の下にも、夏から秋にかけて小さな焼畑を行った斜面にも、さまざまな樹種の木が芽吹いている。楠、栴、樫、榊などの照葉樹に混じり、栗、小楢、山桜、赤芽柏《あかめがしわ》、合歓《ねむ》などやがては大木として育つ落葉樹、楮《こうぞ》、青文字、紫式部などの小灌木が次の世代の森を作るため、育ち始めたのだ。切り払われたり、焼かれたりした野に真っ先に芽吹いてくるこれらの植物を「縄文植生」、「先駆（パイオニア）植物群」などと呼ぶ。この列島の基層植物である。これらが、食用となり、薬効にすぐれ、染料としても利用価値の高い植物群である。

先日、一万三〇〇〇年前の栗の実が長野県の遺跡から発掘されたことが報じられた。わずか二個の木の実が、旧石器時代（氷河期）が終わり、縄文草創期にかかる頃、すでに日本列島で栗（いろいろな木の実も含むだろう）の食用と利用が行われていたことを示唆している。

私が歩く森にも、かなりの数の栗の巨木がある。この秋には多くの実を落とした。ここも、古来、人々が住み、「里山」として利用し、暮らしてきた土地である。近くに西都原古墳群、茶臼原古墳群、持田古墳群など大古墳地帯もあり、敷地内には清水が湧き出る泉や石器が出る場所もあることから、それが推定できるのである。広大な森は、日本列島の古層と通じている。

百年前、わが国の児童福祉の先駆者・石井十次がこの地に立ち、開拓した。荒地だった野を開墾し、茶畑を作り、杉を植林し、水を引き、田んぼを耕した。戦争や災害などにより「孤児」となった子供たちとともに、「福祉と農業・教育・芸術が融合した理想郷」を創ろうとしたのだ。その夢は「石井記念友愛社」の理念となって、今も引き継がれている。

この森を整備し、「里山」としての機能を回復させてゆく仕事に、少しずつ仲間が集まり始めている。この日は、薬効のある草木を集めた。「野草茶」として商品化してほしい、という要望に応えるためだ。実際、この野草茶で体調が回復した人が現れ始めている。

森の朝

［森の野草茶］
木が三本繁れば森となり
清らかな水が湧き
山神が宿る

というキャッチコピーは、諸塚神楽の「山神の舞」の文言からいただいた。

旅の料理人・林田浩之君のことを記しておこう。

西日本を歩いて旅行中の林田君が私どもの前に現れたのは、二〇一七年の初夏のことだった。三十代後半に達した彼は、これまでの人生に関わる一切を捨てて、旅に出たというのだ。車も免許もスマホも持たず、野宿を重ね、少年期のわずかな記憶を頼りに辿り着いたのが、ここ茶臼原の森だった。彼は、小学五年の三カ月間と六年の一年間をここで過ごし、茶臼原小学校を卒業して、親元へ帰り、中学を卒業してすぐに自立した。その前後のことは石井記念友愛社理事長・児島草次郎氏の文（友愛社発行の「友愛通信・第304号」二〇一七年七月）に譲る。聞くほどに体が震えるような彼の過酷な人生の中で、この、現在私どもが住んでいる「九州民俗仮面美術館」の建物（当時は友愛社の子供たちが暮らす寮「天心館」だった）で過ごした一年と少しの期間が最も幸せな時代だったという。

彼の旅は、この地へ帰るべき旅だったのだ。

一人の尊厳　　児島草次郎

カンナが咲き乱れ、クチナシの花の匂う、梅雨のある日、一人の青年が突然に園に来訪されました。今から二十七年前、一年三カ月だけ小学生寮（すなわち現在の「九州民俗仮面美術館」）で生活したことがあり、懐かしく訪ねてきたと言われます。こういう時は、とりあえず園長室に上がっていただき、話を聞くことにしています。

年齢は三十八歳、名古屋方面で調理関係の仕事をしていたけど、すべてを引き払い捨てて、ケータイ電話もあえて持たず、五感に身をまかせ、九州まで一年三カ月かけて歩いてきたとか。一般的に言えば、住所不定の浮浪者ということになります。しかし、日焼けはしているものの身なりは小奇麗にしているし、汗の臭いも発散させていません。身の振舞いも常識人で、彼の話に引き込まれていきました。

県南のある町で親子四人で生活していたけど、父親の虐待が恐ろしくて家出するようになり、小五の時に施設に入った。母親はママ母だった。小学生寮（友愛社内・天心館）の生活、茶臼原小学校の生活は天国だった。何の心配をする必要もなく、普通にご飯が食べられて普通に学べ遊べた。しかし、小学校を卒業するとすぐに家に引き取られた。そのときは家族は名古屋方面にすでに引っ越していて、強制的につれて行かれた。その後の生活はまた地獄だった。中学校を卒業するとすぐ自立することにし、家を出た。色々仕事もしたが、調理の仕事に落ち着き十数年調理師として働いた。

彼は、淡々と話しました。こうして話を聞いているうちに、たいがい私も思い出すのですが、小学生の彼を思い出すことはできませんでした。当時は、小学生寮の天心館は、現在地より五〇〇メートル以上離れた場所にあり、普段接触の機会がほとんどありませんでしたし、私の記憶力もかなり減退していますので、彼には申し訳ないのですが、彼の少年時代は私の脳の中で蘇ることはなく、残念ながら共通の話題を見つけ出すことができません。

話を聞きながら不思議に思えてくることがあります。波乱万丈の人生を送ってきた割には、落ち着いておられるのです。私も色んな卒園生を見てきましたし、彼の重々しい負の体験からすれば、人間不信に陥って世の中に反抗するような生き方をしてもおかしくないのに、彼の目は清んでいるし、言葉の端々から誠実さが伝わってくるのです。人に迷惑をかけないというのを信条としているようでもありました。

私は繰り返し、あなたを今まで支えてきたものは何なのですかと尋ねてみました。特に宗教を持っているようにも見えなかったのです。

彼の規範力というのは持って生まれた資質なのでしょうか。彼は、その質問にははっきりとは答えなかったけど、小学生寮での一年三カ月ほどは天国だったと繰り返し話していました。ここでのたった一年ちょっとの楽しい思い出が、もしかしたら彼の人生を今まで支えてきたのかもしれません。そして、そのことを確認するために、彼は一年以上かけて導かれるようにここを訪れたのではないのか。

「あなたは、自分の意思でこうして歩いて放浪しながらここを訪れたと思っているかもしれないけど、一一、三年時が経って振り返ってみたら、あれは天の導きだったのかもしれないと思えるときがありますよね。いわばルーツ探しで、導かれてここに来たのかもしれませんよ」

そんなふうな話を私からしておきました。

当時の記録も写真も何も持っていないということなので、ちょうど私が茶臼原小学校PTA会長時代にPTA役員たちと一緒にまとめた『学校創立五十周年記念誌』の中から、彼の卒業した年度の卒業生名簿（二十一名）をコピーしてさしあげました。顔をほころばせながら、懐かしそうに一人ひとりの名前をつぶやくように読み上げていました。

彼はその後、小学校をも訪問し、校長先生から親切にしてもらい、一枚の当時の集合写真のコピーもいただいていました。

彼が当時住んでいた旧園舎の今の住人は高見乾司氏ですが、そこにも二日間泊めてもらい、当時の思い出を辿りながらおそらく自己の存在の意味を確認し直し、満足して帰っていきました。また歩いて名古屋方面まで行く予定とのことでした（現在は滞在延長中）。頭を深く下げる彼の姿を見ていて、引き止めたい衝動にかられましたが、グッと我慢しました。これが導きであれば、彼は宮崎にそのうち帰ってくることでしょう。

彼との今回の出会いを私はどう整理したらよいのか。私が彼の立場だったら、その孤独に耐えていけるのだろうか。彼は今、その孤独に徹底的に向き合ってみようとしているようにもみえます。その先に希望はあるのか。私との出会いが彼の希望になってくれればとも願います。

「今もあなたと同じような経験をした子供たちがここにやって来ているんですよ。今までのあなたの人生を、子供たちのこれからの人生に役立てるような生き方が出来るかもしれませんね」

そんな話もしておきました。

たった一年ちょっとの園生活が、その人の人生を支えていくということもあり得るのかもしれない。そういえば、クラークが札幌農学校で教えたのは九カ月ほどだったし、吉田松陰が松下村塾で教えたのは一年一カ月くらいだけだったのです。教え子たちはその短い期間の思い出を支えとしてその後の人生を踏ん張ったのです。彼が巣立って二十七年たった今も当時と同じように子供たちはここで生活している。子供たちのこれからの人生がかかっているわけだし、ここの生活の一時一時を大事にしていかねばならないと改めて思います。

＊以下略。（）内は高見による注。

林田君は、一度旅立った後、一昨年（二〇一六）の阿蘇の大震災被災地での支援活動、昨年（二〇一七）の九州北部豪雨で被災した「小鹿田焼《おんたやき》ミュージアム溪聲館《けいせいかん》」の復興支援などを経て、またこの地へ帰って来た。以来、彼は私と一緒に森に入り「小さな焼畑」をしたり、薪を切り出したり、草木染めのワークショップや「風の木料理店」と名づけたお昼ご飯の会などを企画して、現在に至っている。

この活動は、私がこの地へ移り住んで来て行ったアートワークショップや森の草木染め、小学五年から中学三年まで通って来た鈴木遼太朗君と行った「手づくりミュージアムプロジェクト」、その後同じく小五から中三の現在まで通って来て森づくりをしている黒木アンジン君などと一緒に行ったすべての活動と連結している。里山の森を作る仲間たちが集まり始めたのである。石井十次にちなむ「友愛の森／里山再生プロジェクト」という名称は児島草次郎理事長の命名による。

2　空想の森へ　2018

幾つもの縁が重なって、郷里の村（大分県日田市小野地区）で「小鹿田焼ミュージアム溪聲館」という古陶の美術館を開館することができた。古い仲間たちが決断し、由布院空想の森美術館旧蔵の古陶をまとめて展示する空間を得たのである。

設立の主旨を要約する。

二〇一六年七月二十日、「唐臼」がのどかに土を挽く音を立てる小鹿田の里の近くに「小鹿田焼ミュージアム渓聲館」が開館した。同館は、十年ほど休眠状態となっていた同地「ことといの里」の施設の一棟を借り受け、リニューアルして、小鹿田焼の古陶約三百点を収蔵・展示する美術館としたものである。

中核をなす収蔵品は、旧・由布院空想の森美術館（一九八六―二〇〇一）のコレクション（現在はギャラリー金次郎／文人館・高見俊之所蔵）、ギャラリー渓聲館コレクション（梅原勝巳所蔵）、日田市の個人コレクター（匿名）の寄託品によって構成される。約三十年にわたり、散逸を惜しみ、郷土の文化遺産と位置づけて収集・研究を続けてきた仲間たちの活動が結実し、小鹿田焼の古資料が里帰りを果たしたのである。

小鹿田焼は、昭和二（一九二七）年、民藝運動家・柳宗悦に見出され、その後、英国の陶芸家・バーナード・リーチ氏を伴った柳氏の再訪により、「民藝」としての評価はゆるぎないものとなった。

小鹿田焼は、日常の生活用具を作り続けた窯であるから、製品は、製作後すぐに販売され、地元に残る作品は僅少である。生活の中で使い続けられるため、破損や需要の変化による制作の終了などによって市場から消えてゆくものも多い。

しかしながら、小鹿田の里の周辺や日田の町には、数寄者、文人、愛好家などによって愛玩され、また日々の暮らしの一部として大切に使い続けられ、伝来・収蔵されてきたものも存在する。北部九州修験道の拠点・英彦山の東麓に位置し、天領として栄え、咸宜園という教育施設を有した町の歴史が、小鹿田の焼物をも包含したのである。

「小鹿田焼ミュージアム渓聲館」はこれらを俯瞰しながら、小鹿田焼の持つ魅力と歴史的・文化的価値を把握し、収集活動と展示・研究活動を進めてゆく施設とした。

私は同館の開設を機に、宮崎から高千穂・阿蘇を経て、日田へと向かう機会が増えた。四時間半〜五時間の行程である。

高千穂を通り過ぎて、阿蘇の山岳が見え始めると、風景そのものや空気感が変わる。南九州とは違う文化圏に入ってゆく感覚である。草原の向こうに、噴煙を上げる阿蘇山を望み、雄大な外輪山を走って小さな集落が点在する渓谷沿いの道を通過する。途中で薬草を採集したり、温泉に入ったりしながら、はるばると山路を越えてゆく。

私はこの小さな旅を「山旅」と呼ぶ。「山旅」とは、登山者が、険しい山岳を登走し、山に寝てまた次の山を目指す旅のことを言うが、旧式のワゴン車を飛ばしてゆく私の旅も現代の山旅に加えてもらっていいかと思うのだ。黒ずくめのトヨタカローラ・プロボックスという車種は、ビジネスマンや商店の販売員などが荷物運搬に使うために設計されたものだから、見かけは無骨だが、頑丈で、走りは軽快だ。咲き始めた草の花を一枝摘み取り、運転席の横に置いたジュースの空き缶に挿し、風になびく花びらを愛でながら、重畳と連なる山並みを走破する。

道中は、標高五〇〇メートル前後の高原地帯だから、若葉に分厚く覆われた照葉樹林帯や、明るい新緑が輝く広葉樹の森などが交互に車窓を行き過ぎる。険しい山道を走ることもあるし、草原地帯を、風を切って走り抜ける行路もある。

欅の大樹が涼しい陰を作る森で一休みして、小道を歩き、道の脇に野苺と木苺を見つける。野苺は少し時期が過ぎていても、甘く、ほのかに太陽のぬくもりと草藪の香りをまとっている。甘酸っぱい木苺は真っ盛りである。手のひらいっぱいに採り、少年の日のように勢いよく口に放り込む。

日田へ通う日々を、私は「日田へ帰る」と言い、また宮崎へと戻る時には「宮崎へ帰る」という。生まれ育ち、晩年になって再び新たな企画を立ち上げた土地と、由布院空想の森美術館閉館後に移住し、良い仲間に恵まれた南の地と、帰るべき故郷を私は二つ持つことができたのである。

その九州の中央山岳地帯を走り抜ける旅の過程で、一本の電話を貰った。二〇一七年五月のことである。同年四月に上梓した書物『神楽が伝える古事記の真相』（廣済堂出版）を紹介する新聞記事がそのきっかけとなったのである。

——記事を読んだよ。元気で頑張っていたのね。うれしい。

この手の電話は、折々にいただくことがあるもので、さほど珍しいことではない。が、そのあとに驚くべき展開が待っていた。

——わたしもね、太宰治ゆかりの古民家を湯布院に移築して、太宰治文学館を作ったのよ。

という内容は、少なからず意表を突くものだったから、私は思わず、

——それは嬉しい、太宰治の文学が僕の文学修業の出発点と言えるものだから、すぐに見に行く。

と答え、ただちに出かけた。

太宰治の初期の短編「走れメロス」（当時の国語の教科書に載った）こそ、中学から高校にかけて多感な時期を過ごした私たちの仲間に共通していた友情と信頼の感覚であった。ある年の夏、私は転校していったかつてのクラスメートと会う約束をしてその場所へ行ったが、相手はそこにいなかった。でも、彼は必ず来る、という確信があったから、私は待ち続けた。すると彼は夕刻になって、現れた。

何をするという目的もなく、ただ漠然とした「会おう」という約束だけだったが、私は、ほぼ半日その場所で待ち続け、友はその約束を忘れずにやって来たのである。「走れメロス」が投影されたわけではなかったように思

うが、山の仲間の「約束」というものは、そのようなものだ。それゆえ、王に直言し、処刑されることをも恐れずに友との約束を守って暴虐な王のいる庭へと駆けつけるメロスの純朴な魂と、太宰の叙情的な文に感応し、少年たちは「青春の熱」と言うべき価値観を共有したのである。

湯布院へ移築された太宰治ゆかりの古民家というのは、東京世田谷区にあった下宿「碧雲荘《へきうん》」である。太宰が駆け出しの作家だった昭和十一年からおよそ七カ月間暮らし、代表作『人間失格』の基になった作品もここで執筆された物件だという。

土地が売却され解体された家の引き取り手がなく、保存が危ぶまれていたこの古民家を買い取り、「文学の森」として再生させたのは湯布院の旅館「おやど二本の葦束」を経営する橋本律子さんである。この快挙は全国紙でも取り上げられ、話題になり、すでに多くの太宰ファンが訪れる名所となっている。私は、この建物を見せてもらい、少年時代を追想したり、その後に読んだ太宰作品を懐かしく反復したりした。

その夜、橋本さんの経営する瀟洒な宿で長い話をした。彼女は、由布院空想の森美術館の隣接地で同時期にペンションを開業したのだったが、多難な時期を経て現在の旅館業にたどり着き、懸命の努力を重ねて成功させたのである。私も、故郷・日田の町での美術館の開館と、刊行二十冊を数えた著作を一つの区切りとして、人生最後の目標は、「空想の森美術館の再開である」と言った。湯布院を去る時、当時学芸員を務め、共に苦労した甥の俊之と交わした約束がそれである。すると橋本さんははらはらと涙を流し、

「それ、太宰治文学館の隣ではだめ?」

と、驚くべき提案をしてくれたのである。

「敷地と建物はわたしが用意する。もう一度、湯布院へ帰ってきて、あの空想の森美術館を再現してほしい」

というのが彼女の主旨である。懸命に働き、現在があるのも湯布院という舞台があったお蔭、その恩返しの意味

も含め、娘が世話になり、私たちが好きだった空想の森美術館が再建できるのなら、そのお手伝いもしたい、と言うのである。娘さんの橋本千秋さんは、空想の森美術館に勤務した時期があり、今秋刊行予定の『新編　火の神・山の神』にも登場する。

「太宰治文学館・文学の森」の隣に再開される「由布院空想の森美術館」。

このままで「天の声」のような提案に、私は、

「やりましょう」

と即答し、開館へ向けたプロジェクトが発足した。

千秋さんもこのプランには大賛成であるという。思えば、「小鹿田焼ミュージアム溪聲館」の開館も、宮崎へ移転した私を気遣い、ヤマメ釣りを口実に訪ね続けてくれた梅原勝巳君（現・同館館長）と釣友の千原艸炎君（書家）との交友から生まれた企画であった。縁とか約束とかいうものは、「とき」が熟せば、当事者たちが思いもかけぬ形で実現に向かうものなのであろう。

私の帰るべき地は、三つに増えた。父祖の地・日田、癒しと再生の土地・宮崎、そして、激動の日々を過ごした湯布院「空想の森」へ。当時の湯布院と、現在の湯布院の町とでは、大きく事情が違っていることは、私も承知しているが、かつて「東洋の理想郷」が実現できると信じて活動した仲間たちが、頑強に根を張り、生き続けていることも確かだ。この一点を手がかりに、私は湯布院へ「帰る」のである。

今となっては、私の旅は「帰る旅」なのか「どこかへと向かう旅」なのかさえ分からなくなってきているが、旅の道筋に九州脊梁山地の山々に抱かれた「神楽」を伝える村があることが一つの指標になる。以前、椎葉神楽に通い、森の国・椎葉に憧れ、「椎葉で死にたい」という小文を書いた時（これも近刊『新編　火の神・山の神』に収録）、椎葉の人たちは、

——高見さん、貴方の仕事がすべて終わった時、椎葉に帰って来て下さい。

というやさしい言葉をかけて下さった。「わたくし美術館」主宰の尾崎正教氏は、絵の行商に出た旅先の宿で、先駆者としての信号を発しながら現世の務めを終えた。芭蕉と「奥の細道」の旅をした曾良は、師と分かれる時、

行き行きて　たふれ伏すとも　萩の原

という句を詠んだ。この終着も美しい。

私の着地点がどこになるか、どのようになるかは、まだ分からない。

索　引

▶あ行

▶か行

▶さ行

▶た行

▶な行

▶は行

▶ま行

▶や行

▶ら行

▶わ行

高見乾司（たかみ・けんじ）

1948，大分県日田市に生まれる。

1967－74，日田市の石切場で働きながら，詩人・画家として活動。

1971－76，病気により大分県湯布院町で療養。「湯布院町・町づくり」の運動と出会う。

1986－2001,「由布院空想の森美術館」を設立，運営。「九州の民俗仮面」を展示の中核とし，「アートフェスティバル湯布院」の企画実行，「アートギャラリー特急ゆふいんの森号・駅舎美術館由布院駅アートホール」の運営など地域づくりと連携した活動を行う。

2001・5,「由布院空想の森美術館」を閉館。宮崎県西都市へ移転し「森の空想ミュージアム」として再出発。

2002・8－9,「新芸術集団フラクタス」の総合プロデューサーとして企画・実行。

2003・10－12，日本民藝館（東京・駒場）で「九州の民俗仮面展」を企画・実行。

2004・9－11，豊田市民芸館（愛知県豊田市）で「九州の民俗仮面展」を企画・実行。

2005・4，世界宗教学宗教者会議（東京・高輪プリンスホテル）で「九州の民俗仮面展」を企画・実行。

2005・10－11，西都市・西都原考古博物館で「九州の民俗仮面展」を企画・実行。

2006，「九州民俗仮面美術館」（西都市）を設立。

2006－08，「みやざき／民俗仮面と祭り」（通算135回）を「西日本新聞」宮崎県版に連載。

2008，「九州の民俗仮面」90点が九州国立博物館の収蔵となる。

2009・10，「神楽と仮面」（通算50回）を「宮崎日日新聞」に連載。

2010，高千穂秋元エコミュージアムのアートディレクターを務める。

2011，西米良村おがわ作小屋村アートディレクターを務める。

2013－14，大阪・東京 LIXIL ギャラリーで「山と森の精霊―高千穂・椎葉・米良の神楽展」を企画，それぞれ3カ月にわたり実行。

2014，『精霊神の源郷へ』（鉱脈社）が宮日出版文化賞を受賞。

2014，九州国立博物館「東九州・神楽人の祭展」のプロデュースに参加，東京藝術学舎（京都造形芸術大学＆東北藝術大学共催）で「神楽と仮面の民俗誌」と題して7回の連続講義など。

2015・4，埼玉県蕨市文化ホール「くるる」にて「神への舞／諸塚神楽」をプロデュース。連続10時間の神楽上演を実現。

2015・9，九州国立博物館にて「東九州神楽人の祭典」の監修にあたり，椎葉村嶽之枝尾神楽を推薦。実行に関わる。

2016・5，大分県日田市に「小鹿田焼ミュージアム溪聲館」を共同設立。

2018・5，大分県由布市湯布院町で「由布院空想の森美術館」を再開 OPEN。

■著書
詩集『石切場』（葦書房），『空想の森から』（青弓舎），『火の神・山の神』・『豊饒の神・境の神』・『霧の湯布院から』（以上，海鳥社），『九州の民俗仮面』・『空想の森の旅人』・『米良山系の神楽』・『神々の造形・民俗仮面の系譜』・『精霊神の源郷へ』（以上，鉱脈社），『山と森の精霊――高千穂椎葉米良の神楽』（LIXIL出版），『ゆふを織る』（共著，不知火書房），『謎の猿田彦』（共著，鎌田東二編，創元社），『神楽が伝える古事記の真相』（廣済堂新書）など，近刊＝『新編 火の神・山の神』（花乱社）

帰《かえ》る旅《たび》—空想《くうそう》の森《もり》へ
地域《ちいき》アートの試《こころ》みの中《なか》で

❖

2018年6月9日　第1刷発行

❖

著　者　高見乾司
発行者　別府大悟
発行所　合同会社花乱社
〒810-0073 福岡市中央区舞鶴 1-6-13-405
電話 092(781)7550　FAX 092(781)7555
印刷・製本　有限会社九州コンピュータ印刷
［定価はカバーに表示］
ISBN978-4-905327-89-9